AQUARIUS

AQUARIUS

AQUARIUS

AQUARIUS

Vision

一些人物，
一些視野，
一些觀點，
與一個全新的遠景！

其實我們都受傷了。

在關係中療癒傷痛，學習成長

知名諮商心理師・悲傷療癒專家　蘇絢慧

【自序】

看見關係中帶著傷的「我們」

當我是小孩時，我的父母長年的缺席，讓我難以用「一個小孩」的身分與角色被疼愛、被無條件的接納與支持。大部分的時候，我都活得戰戰兢兢，害怕一不注意或一不留神，周圍照顧者就會像強大的巨人一般，毫不心軟的對我痛打一頓、痛罵一番，或是擔憂會再度遭遇被遺棄的可能。

因此我很懂得看臉色，很懂得分辨什麼該做、什麼不該做，也強迫自己要學會許多不同家庭、不同大人的規則，如此只是為了能夠平安活下去。

在那些還弄不懂人生是怎麼一回事的年紀，我學會的是競爭、較量、比較與佔有。

漸漸的，人的年齡是長大了，但始終沒有被愛滿足的心靈，開始想要用自己的辦法去尋找、去試探、去嘗試、去爭取……那個可能愛我的對象，諸如：同學、朋友、老師、長輩……

心靈的飢餓，總是讓自己想像著會有那麼一個人完美的愛著我；會包容我、接納我、無條件支持我、無論何時都會在我需要時關注我、隨時隨地的在乎我與保護我……

當然，這些我尋找、我嘗試靠近的人都不會真正的符合我、滿足我，而是讓我反覆的失望、感到受傷、感到脆弱、感到無望與憤怒。

而我也在這樣無意識的追逐遊戲中，玩了十多年的人際心理遊戲。

直到，前所未有的重大失落，以及面臨到幾乎是一無所有的人生窘況來臨，我被迫（被環境與這樣的現實所迫）反思我自己，徹底誠實的面對我自己。一開始實在很難關注這樣的自己，只想毀了這樣的自己，因為過去那些評價與吶喊都會跑出來，極其嚴厲的控訴與指責，讓我想要抗拒、想要否認、想要怪罪，同時又不客氣的責備自己、恥笑自己。

但當我終於有一點點懂得何謂接納時，我對自己有了一絲的慈悲與柔軟，我才開始可以觀看我自己。當我不再拿著大刀大槍對待自己時，內心的自己才願意誠實的揭開內在的世界，將在黑暗中隱藏的部分坦露在光下，被我好好的凝視、被我好好的接觸與靠近，進而撫慰。

我也一點一滴有了勇氣與力量，一點一滴的看見自己長期以來累積的失誤與扭曲角度；這些失誤與扭曲，不僅被我拿來對待自己，也被我拿來對待世界與他人。

我一層一層的揭開自己的生命過往記憶，發現自幼以來，不被好好的像一個完整的「人」對待，所以我是不完整而偏頗的。我的生存必須要應付很多要求與評價，否則便會招來重重責難和強烈的批評。為了獲得安全感，我不停的討好別人，順應別人，以別人的喜好標準當作自己追求的目標，以期待被喜愛或被接受，減少被指責與批評的機會。

曾經，我十分恐懼自己不被喜歡，不被認同，於是總是害怕別人的評價，也很容易敏感到任何他人的反應。如此，我對他人有許多的防衛，總會在他人的不認同中感到受傷，同時又氣憤他人怎麼能不認同我。矛盾的是，又不能不在乎他人的觀點與論述。於是自我只能一直在內在衝突，也一直與外在環境衝突。

而我對待別人，也不是將他人視為一個完整的人對待，仍是以自己的投射想像別人，要別人「一定」要如何反應、「一定」要怎麼對我、「一定」要說不會讓我受傷的話。當他人不符合理想期待，我便受不了挫折，就抗爭、情緒拉扯與威脅，絲毫不懂別人也是一個個體，有他的氣息、他的需要、他的喜好、他的想法、他的選擇。

我漸漸懂了，「物化」（或說工具化）了自己與他人，是關係傷害與關係挫敗最大的原因。

我也開始懂得年輕時的情感傷害，何以他人會漸漸的越來越疏遠，甚至想逃開。

我痛定思痛，不再以受害者自居，也不再以無助及自責，迴避我所面臨的存在困境。我開始大量閱讀講述「關係」的相關書籍。不僅閱讀，也接受諮商治療，並且，不斷的自我分析與自我書寫，在他人覺得「想太多，沒有必要如此苦行」時，我堅持自己的付出與投入。因為我知道自己在走一條重新學習與重新建立生命新秩序與新格局的歷程，這是他人不會明白，也無法全然參與的歷程。

如果，人在關係中，盡是折磨與相互攻擊，而無法在關係中讓彼此更好，成為更成熟的獨特個體，那麼關係實在沒有意義，沒有必要讓我們付出這麼大的生命力氣與代價。

但是，好的關係的建立是一種相互的意願與投入，有著合作性的共創歷程，如果只是空等著他人的給予，或是被動的配合，那麼好的關係，也還是很難實現。

如果沒有從「重新學習」的意願與行動來瞭解「關係」這回事，僅僅只是不斷反覆使用幼年經驗過的模式，並在無意識中，繼續複製、重演那些負面情節，繼續製造負向情緒，那麼，負性關係或具有傷害性的關係也只好繼續的產生。

如果不想真實的承認過去的關係經驗與模式已不敷使用，也不想面對重新學習的艱辛與困難過程，那麼只好繼續在失落、失望、受傷的情緒中，哀嘆所有人，包括命運的辜負了。

關係要能「幸福」並不是自然而然的，也不是理所當然的事。「幸福」是需要學習的。我們的童年乃至成長歷程，都曾在關係中受過傷，我們帶著這些傷口無意識的進入到後來新的人際關係，即使人換了，卻往往重複著過去具有傷害的關係模式，並且感覺到一種無力抵抗的命運，不斷上演著某些相似的情境，造成類似的關係傷害。

這本書就是希望我們不是空留遺憾與空有哀嘆，而感到無能為力。不論我們從何時覺醒過來，發現這些關係的情況有如一種輪迴般的在不同時空背景中發生，而開始有意識的想要改變、想要創造不同的人生經驗、想要蛻變一個新的我，無論什麼時候開始，都不嫌遲。當我們願意先從自己改變時，關係的另一人也才能在經歷不同的對待方式與不同的互動經驗中，開始有機會改變他的方式與他的信念。

願這本書，陪伴著想要好好學習關係這人生大議題的閱讀者。這是我寫這本書的小小心願：我們都可以不在關係中受苦受傷了，而是讓關係的存在使我們更好，讓我們彼此都成為更完整的我，更成熟也更加具有超越性的我。並且在關係的互助與互相扶持中，真正學會了幸福，也容許幸福在我們的生命裡發生。

目錄

第三章　創造互為主體的關係

害怕被遺棄，害怕失去別人；這會讓我們墨守成規，或拚命佔有別人。
害怕被吞噬，害怕失去自己；這會讓我們逃離關係，並與別人保持距離。

——大衛・里秋《回歸真我》

第一章 論關係

在我們早年的生命若能有穩定、信任的依戀關係，帶給我們安全與安心的體會，這是最美好的關係基礎，人就不需要以所有的力氣與生命的長度，不斷的在不同關係中摸索與澄清……

關係

關係，是人生裡讓人歡喜，也讓人煩憂的事。如果以功課的角度來看，關係，絕對是人生很難做的功課。我們可以上一秒在關係中，感受到愉悅的滿足，下一秒又在關係中，經歷到受傷的心碎。關係，總讓人又期待，又怕受傷害。

如果，人與人的關係，就像是人與物或事的關係，單方面的被使用、被支配、被決定，那麼，問題也許不會如此複雜。正因為人與人的關係，所謂「我們」的關係，是兩個人之間，有你，也有我的存在，才能稱為「我們」，因此在關係中，有我的立場，也有你的立場；有我的需要，也有你的需要；有我的感受想法，也有你的感受想法，以致情況才會如此複雜，如此困難。

這是一個很容易辨識的真相：關係中有著「兩」個人的存在，是由「兩」個生命體所組成。

但這個真相，並未真的被放進關係裡來正視與面對。對大部分的人而言，許多時候我們在關係中，非常習慣把另一個人當「物體」使用、支配、操控、索求，或者反過來，被另一個人將我當成「物體」使用、支配、操控、索求。

生命最初的階段

這種在關係中對另一個「主體」的忽略、控制、支配、索求，是其來有自，源頭來自於我們早年生命的那段最初的依戀關係，意即我們在嬰孩時期與主要照顧者的關係。這主要照顧者，大多數是母親，但也可能是父親、祖父母，或是保母等重要他人。在最初的依戀關係中，我們可能不被當成一個主體來對待，而是被當成一個沒有感受、沒有思想、沒有行動自主性的「物體」對待，或是反過來，我們如此的物化照顧我們的那些大人。

對孩子來說，「物化」主要照顧者是生命頭幾年必然經歷到的過程。因為嬰孩的身心發展都不足以讓他有能力理解與關心主要照顧者是另一個的「人」，有屬於他的身心狀態。此時的孩子，是絕對的自我中心者與本能反應者，他只想要主要照顧者滿足他、供應他的需要。藉著指揮主要照顧者，無論以哭、叫，或任何反應動作，他關切與需要的，都是他如何獲得想要的照顧與被給予滿足。

因此，嬰孩不會視此階段的主要照顧者為一個完整獨立個體，而是隨著嬰孩的身體與情感需要所存在、所出現的生命共同體。孩子與主要照顧者因此產生了身心同步性，同時為著嬰孩的生理需求、情感需求而存在。只要嬰孩有任何呼求，都是為了喚來可以安撫他、照顧他需要，與解除他的困難的主要照顧者來身邊。因此主要照顧者與嬰孩之間幾乎有著一種共生性，像是連體的感覺，一起反應、一起行動、一起經歷情緒起伏的歷程。

嬰孩會在這個過程體會到自己的影響力，他可以指揮或左右主要照顧者；但也可能體會到強烈的挫折與沮喪，因著他無法指揮或影響主要照顧者的靠近與提供任何的供應品。

但隨著成長的歷程，孩子的「物化」主要照顧者狀態會漸漸改變。隨著他認知的發展、社會情境的辨識與互動的學習歷程，會讓他漸漸分化出自己的存在，與另一個他者的存在。他會明白自己是一個獨立與獨特性的個體，而另一個主要照顧者也是。隨著個體的長大，他會經驗到許多生活事件，在那些事件中，他會體會到和另一個人的身心不同步，他想要這樣，但另一個卻要那樣；或是他有所需要，但另一個人卻無法即時回應與提供。

這個時候，孩子便開始慢慢需要學習調節，以調適會發生的失落與失望情境，還有可能經歷到距離的拉開，像是分離。他也需要學習妥協，以及合作，試著調整自己的需要，或延遲自己的需要。積極一點的話，可能多採取些什麼行動，來及早獲得他想要得到的報償。

這是人成長過程，很自然發生的成長經驗。但家庭環境以及社會環境，不一定能夠即時回應孩子在成長歷程需要學習的關鍵任務。許多資源與支援的缺乏，包括缺乏陪伴、缺乏說明、缺乏對話、缺乏澄清、缺乏引導，都可能使得一個個體無法順利的從自我中心慢慢轉化為有能力綜觀全局，瞭解主客觀事實，並累積生活經驗，以擴展認知對生活經驗的理解。

換言之，生命在漸漸發展的歷程，一個孩子必須要能慢慢的經驗與學習到，這個生活世界是由「我」與許多不同的「我」所建構而成。他的「我」不是單一存在的個體，除了「我」以外，還有許多像「我」一樣，有情緒、有感受、有想法、有需要、有行動自主的人存在。

互為主體的經驗

這樣的體察與認知，是建立「互為主體」經驗的基礎。雖然無法一時片刻便在互為主體的關係中找到平衡，但個體會在關係中，慢慢學習藉由社會性的互動經驗，如何與另一他人相處、討論、溝通、分享、合作、互惠；當然也可能在關係中，經歷另一種社會性的互動，像是：競爭、爭奪、忽略、比較、侵犯等等。

人最初的互為主體的經驗，將會被個體移轉到其他次要的互為主體關係上，包括個體與物、個體與次要他人、個體與環境及世界等，他將投射出在首要互為主體關係中的自我觀感、對他人的觀感，以及在那段關係中的互動模式，延展於其他次要關係上。

在台灣社會，大多數人的早期經驗，源自於我們還是小孩子，尚未發展為成熟個體時，我們和主要依戀者（母親、父親、祖父母，或者保母）關係中的互動經驗，常在兩種極端的經驗中，經歷一種由單「一」個人就可以決定「兩」人關係品質與互動歷程的情況。可能單由父母一方來決定對孩子的一切照顧方式，及任何的對待與安排；或是由孩子單方面的影響與指揮父母的起居作息、行動與方式。

權威與高壓式的主要照顧者，不允許孩子有自己的主張與意見，一切按照主要照顧者的想法與規則，孩子不被視為一個獨立的生命，而是一個需要被控制、被要求、被規範的次要生命，甚至是一個需要被嚴控的機械。當孩子有自己的需要、感受、渴望時，是被斥責、奚落、拒絕、忽略，或被責罰。

寵溺與完全以孩子為主要關注對象，以失去限度的供應為照顧方式的主要照顧者，則以全部的心力討好孩子，跟隨孩子的行動與情緒起伏，完全失去了界線與準則，順應孩子的所有需求與慾望，失去了他自我的生命主體。這樣被寵溺的孩子將無視於主要照顧者的狀態、情緒與情況，他完全只注重自己的需要與感受，並且認為另一個人的存在只是為了提供他滿足任何的需要，像一個供應機。

另一種關係的模式，雖不屬於極端的單一控制，卻是缺乏建立依戀關係的經驗，亦即以忽略與漠視的方式對待孩子。這類的主要照顧者，完全將孩子視為隔離的對象，絲毫不願意與孩子建立任何關係，甚至徹底否定孩子的存在。這樣的孩子因為缺少了一個真實的照顧者，因此失去連結與依附的能力，也失去了感受到自己是一個存在的有機個體。較多經歷到的是，自己像個物體，或只剩下本能的生物體，卻缺乏個體的感受、思維、行動，活得平板而乏味。

進入依戀關係

讓我們來看看這三種不同照顧方式對孩子的影響：

接受權威與高壓式教養方式的孩子，在最初依戀關係中，經歷一種完全被剝奪個人主體的經驗；他不被視為一個有著獨特性的生命體，他被漠視感受、情感、想法與任何想要的行動。他只能被動的接受環境所為他塑造的一切，他每一個需要、每一個反應都必須等待他人的允許與回應，他的行動受限制，他的感受與思想受剝奪。他漸漸的不將自己視為一個個體，沒有主體性，也沒有自主權。他徹徹底底失去了讓自我成長的空間，他必須依附在強權與威嚇底下，因為他是弱者、無能者、無權利者、無獨特性者。

接受寵溺與被完全供應的孩子，在最初依戀的關係中，經歷一種強大的影響力，他會感知到自己能夠牽動著主要照顧者所有的行動與情緒。當他的需要與慾望升起時，幾乎身旁的照顧者都依照著他的情緒反應而行動。他們哄著、慌著、焦急著要滿足他，只要他有一點兒不滿意與不滿足，身旁的主要照顧者會努力的為他供應一切。自此，他經驗到自己的巨大，有著強大的操縱能力，他是世界的中心，世界是依著他的需要而運作。由於他是如此巨大與極具影響力，相形之下，他人的主體性，包括感受及情感，還有所思所想都不在他需要關注的範圍。他人的存在似乎只是為了滿足他個體而存在，他人是可以被支配、被指揮、被發號施令的。

被忽略與漠視的孩子，生命中無任何個體，既沒有他自己的主體，也沒有任何一個他人的主體。在他的經驗中，只有巨大的空洞，沒有情感、沒有思想、沒有任何的渴望與行動。有的只是生物本能的需求，吃、喝、排泄、呼吸，或任何生物本能的需求滿足。他無法在另一個他人的撫慰與照顧下，經驗到他自己個體的存在；也無法在他自己的個體存在中，體認到他者存在於這個世界中。他沒有情感的連結，也沒有情感的分享，他的世界只存在著沒有生命體的物質。於是，他只能關注物質，透過物質來提供生存的需要。

孩子漸漸成長後，開始接觸外在的世界，也開始建立除了主要照顧者之外的其他關係。大約三、四歲的孩子，你便能清楚的看見他如何反映他所經歷到的首要依戀關係（也就是最初他所經驗到的依戀關係）。這首要的依戀關係，會被推展到他的其他關係（又稱為次要依戀關係），你會看見他複製他所經驗到的主要照顧者在自己身上，以及他被對待的方式。

接受權威與高壓式教養方式的孩子，除非對方是權威人士，是他所看見、所感覺到的威權，他必須臣服、順從、沒有異議。若不是他所認為的權威，在他所建立的關係中，他非常大的可能性是複製那些權威者對待他的方式，來對待關係中的他人。那些被權威及高壓控制的經驗，大部分會在成人後反映在他和伴侶及孩子之間的關係中。

面對親密關係時

他們在親密關係中，會反映出他幼年被對待的方式。有兩個發展走向；一是他尋找了另一個權威與高壓的他人進入後來的關係；二是他自己成了權威與高壓者，如此對待關係中的他人。

不論哪一種發展走向，在他的關係裡，都將複製著關係中的其中一人不被視為一個有著獨特性的生命體的經驗。此人將被漠視感受、情感、思維與任何想要的行動。他只能被動的接受環境所為他塑造的一切，他每一個需要、每一個反應都必須等待關係的另一個人的允許與回應，他的行動會受限制，他的感受與思想會受剝奪。

意指在他的關係經驗中，其中一人的主體性並不存在，他只能是個附屬物，不是一個生命體。並且，誰握有權勢，誰較居於上風，誰就可以剝奪另一個人的主體性，並壓制對方的所有行動與思想感受。

而接受寵溺與被完全供應的孩子即使成長了，心智年齡仍會持續活在自己是一個需要被供應、被滿足與被保護的孩子狀態，似乎所有的需求與慾望都沒有滿足的一天，無窮無盡。因為在他幼年的經驗，他只是不斷的被提供、被給予、被照料，他並不知道他人有其限制，而自己有屬於自己的生命責任。因此在關係中，他習於「要」與「收」，而他人的處境與歷程不在他關心的範圍，他人的存在只為了滿足他的需要與慾望。

這樣的孩子在後來的次要依戀關係中，你能很快的發現他的行動中鮮少關心他人的情況，也不必觀察他人的反應，他只顧著自己的感受、顧著自己的需要，如果無法得到立即的回應與滿足，他便以強大的情緒能量控制與支配他人，讓他人在其情緒的宣泄中投降，束手無策，並抓緊關係中的主控權。

因為太習慣於他人的餵養與滿足，因此成人後，繼續以「討」與「要」的方式滿足他所需求的，甚至是各種慾望。

另一種極端的情況，也會發展成這種類型的關係型態。就是幼年經驗到自己一直被視為滿足他人的工具，意即，在首要依戀關係的主要照顧者，是幼稚的成人，以自我中心的方式漠視孩子的需求、忽略孩子主體需要，並以支配他、控制他來滿足主要照顧者自己的需要與慾望。

也就是在孩子的幼年經驗中，雖然不是他接受寵溺與被完全供應，但他被要求與控制成必須這樣回應與供應主要照顧者的需求。

未滿足的需求與照顧

因此，這個孩子在成人之後，因為個體需求一直未獲得滿足與照顧，於是，他成為當初的主要照顧者，複製支配與控制的依戀行為，開始對於他的伴侶或孩子行使各種「討」與「要」。並且這些需求，似永無止境的黑洞。幼年未被滿足的部分，像是永遠供應不足的渴求與飢餓。

而被忽略與漠視的孩子，在生命的最初階段，就已失去了依戀關係，依戀感始終沒有獲得激發與發展，他不知道依戀感為何物，沒有能力與人建立任何關係，像個絕緣體。他們沒經驗過在關係中會體會到的分享、親密、互動與依靠，彷彿天地之間，他是靠天活著，靠自己活著。其他人對他而言，都無法形成意義；當然，他也不認為他的存在對他人有何意義。

這樣的孩子即使活下來了，成人了，可以行使任何成人的能力，像是談戀愛、工作、組織家庭、生育下一代，但他周圍的人士卻始終感受不到與這人的連結。他可能會把自己關起來、躲起來，或是呈現出一種非常疏離的狀態，不會為任何人感受到任何的情感變化，他自己也不會流露出對任何人的情感變化。

以上這些型態的依戀關係，可能在個體身上單一展現，也可能同時存在於個體的依戀關係經驗中，而使得個體在建立關係這方面，呈現了複雜、錯亂的模式。

不論是哪一種型態的關係，都能看見關係中的其中一人，不被視為一個完整的生命個體，被直接或間接的剝奪某一種生命功能與權利（例如：思想、感受、行動的自主與自由），也被剝奪維持健康人我界線的權利，而遭遇侵犯、控制、漠視、支配，情況嚴重者，甚至是虐待。

而在健康與安全依戀關係中長大的孩子，可以在穩定、信任、尊重與親近的氛圍下，成長與茁壯。他被視為一個完整的生命個體，他的主要照顧者則是一個成熟穩定的生命個體，孩子不僅在關係中被尊重、被欣賞、被支持，也同時被滋養成一個獨立的生命體。他會在關係中，體驗到一種有界線，有原則，同時仍有愛與安全為基礎的信任關係。他不需要在關係中，害怕被丟棄、被拒絕、被忽略、被懲罰的可能，而不斷累積恐懼情緒、無助情緒、擔憂情緒與挫折情緒。

在穩定與信任的關係中，孩子體會到的環境也是安定與安全的，孩子不需要時時刻刻以敏感的神經，小心注意任何可能危害他個體生存安全的改變，他也不會時常感受到自己的脆弱與無助情緒，而產生強烈起伏的身心反應。當然也不需要在不穩定的情緒中，對自己與對環境及他人形成負向的觀感與概念。

因愛滋養

在健康與安全依戀關係中長大的孩子，主要照顧者有清楚而穩定的認知概念，瞭解自己身為主要照顧者的責任與任務，並帶著愛與滋養性撫慰的方式，照料孩子的身體與心靈的需要。

因為主要照顧者心靈成熟，完成了個體化歷程；成為一個完整而獨立的個體，有能力照顧自己、滿足自己，進而有能力照顧他人、滿足他人，他不需要在依戀關係中害怕被忽略、害怕被傷害、害怕被否定、害怕失望與落空，而在關係中與孩子拉扯、爭奪、若即若離與拿捏不定自己的位置與距離。

當然，在我們早年的生命若能有穩定、信任的依戀關係，帶給我們安全與安心的體會，這是最美好的關係基礎，人就不需要以所有的力氣與生命的長度，不斷的在不同關係中摸索與澄清：究竟我是誰、我能不能被好好對待、我能不能去信任、我有沒有能力好好的處理與經驗關係的歷程。

即使關係難免有失落，也總有傷害時，但早年生命經驗建立在健康與安全依戀關係基礎的人，較能夠與較快速的修復關係所造成的生命傷痛與裂痕，因為早年生命根基讓他體會到這世界的可信任性、友善性、穩定性與支持性。他在接受他人的協助或環境的供應上，意願與行動力方面都更積極，更願意相信獲得幫助與獲得好的回應是有可能的。當他接受環境的協助與回應時，是以信任與安全的感受與認知接收，不是懷疑，不是自貶，也不是感到羞愧。

健康與安全依戀關係中長大的孩子，能在主要照顧者呈現自己乃為一個完整個體（有想法、有感受、有行動自主與自由）的歷程中，學習與之協調、互相理解、互相參與、互相對話，他不會在感受到關係中有衝突或不一致時，想要迴避、想要退縮，或想要終止關係。他也會明白，關係的維繫會有各自的狀態、各自的感受、各自的需求，但沒有人會因此受威脅、受貶抑、受羞辱，或受懲罰。

關係何以困難

對社會與家庭來說，依戀關係的建立方式，往往是代代相傳的，因此許多關係建立與維繫的方式，都是在不加思索，不予檢討，也缺乏學習的情況中，就被複製、被經歷、被塑造、被傳遞。

以致當我們以自己所經歷到的關係經驗，和另一個經歷了不同關係經驗的人相遇相會後，複雜與混淆的關係歷程也就無法避免的產生，讓人經歷到混亂、不解、擔憂與焦慮。

如果我們有所自覺，能夠多給自己一些高角度的視野，也許我們不難發現，在我們成人後的人際關係，諸如：伴侶關係、親子關係、朋友關係等等重要與親密的關係，都可以摸索與意識到我們早年依戀關係的型態的影子，就在這些關係中重演、複製。

當然，對還未有自覺的人來說，關係的經驗會讓他有一種「又來了」的不舒服與糾結感受，彷彿有種魔咒一直施加在他與人的關係上，即使對象不同，但總是反覆的出現某些情節，也總是產生了類似的結果，讓人不勝唏噓，感慨萬千。不免發想，真是上輩子的孽緣，或未盡的冤債，導致這一切沒來由的總是輪迴似的發生。

瑞士心理治療學家榮格曾說：那些未被個體覺察的（潛意識），會以一種類似於命運輪迴的形式，反覆重演。

因此，當一個個體不願意正視問題的根源，也尚不知學習瞭解生命歷程的重要性，那麼就仍會在一種沒有覺知的情形下，以自動化的習慣解讀所接收到的訊

息，並加以反應、因應，並重複的創造相近的結果。

關係，有所覺察

當我們希望能改善「關係」的品質，也希望能經歷安全信任與親密的關係，首要的關鍵在於必須先重回過去，從自己所被影響、塑造、灌輸與影響的關係型態與互動經驗瞭解起。回看究竟造成自己什麼樣的信念、生命邏輯，以及那些三不五時就冒出來的哀嘆與委屈，或控訴的心靈傷痛與情緒陰霾。

這本書所描述的經驗，其實都是為了讓讀者有機會進入自己的意識，並觸摸自己的潛意識，好辨識出那些被移植與複製在關係的情結與情感是什麼。我們又投射出哪些我們認定的自己、他人與世界的觀感與情愫。

回憶童年當然不容易，留下的記憶也常是片段的，或是只記住自己想記住的片刻，因而不完整。但是，我們都活在一種集體的文化意識下，有些記憶雖然模糊，但我們也可以從文字的描述回顧或體會在自身生命經驗中是否也曾發生這樣的現象。有些現象甚至反覆出現，當然也總落入相似的結果。因為只要模式不改變、認知行為不改變、互動歷程不改變，那麼，結果當然也不會改變。

當我們越有清楚的覺察，我們能夠有意識的改變與調整的機會就越多。沒有覺察，毫無意識，任何可能的療癒與改變，都因此失去了機會。

第二章

療癒關係中受了傷的我和你

當關係中的兩人都可以承認與接納脆弱，並且允許脆弱的發生，我們才能在關係中靠近彼此的脆弱，而不是拒絕、否定與攻擊。不敢在關係中承認脆弱，也不敢承認需要對方者，其實未真正的信任兩人關係，也未真正的形成關係。

回顧失落和挫折

沒有人能在成長的歷程中不受傷。只是我們願不願意承認，或者願不願意回顧罷了。對大部分的人來說，成長歷程所受過的失落、挫折與傷心，都可能在痛苦的經驗中，轉變成在我們心頭盤桓不去的羞愧感與罪惡感，還有強烈的自責與自我撻伐。

因此，我們開始隱藏與迴避，試圖以超越或競爭，來掩蓋與忽略在我們心中曾經經歷過的傷痛。並且會以自我說服的方式告訴自己，那些傷與苦痛都是激發生命更上一層樓，或是幫助生命翻盤與成功的條件，只要成功了，讓人肯定與尊崇了，那些傷痛都不算什麼了。

於是，我們努力又奮鬥，積極又拚命的想要成功、想要完美，我們拒絕看見過去那一個醜小鴨，也拒絕看見過去那曾經被嘲弄、被否定、被酸諷、被恥笑的自己。而那些傷心、那些挫折、那些羞愧，成為你不斷往前奔跑，亟欲擺脫的黑暗勢力。你若不想被吞噬，就要更努力、更堅強、更奮鬥、更拚命。

因關係而受傷

當生命確實一路成長，也漸漸獲取許多條件與能力，你絲毫不察也不覺那些過去的陰影與傷痛所在。你對那些亟欲否認與擺脫的過去陰影與傷痛嗤之以鼻，不認為那些與你有何相干。或是，即使你隱約知道，有個黑暗的角落在你內心深處，在冷不防的時候，曾經侵襲過你，但你想只要你不碰觸、不多想、不以為意，其實一切都不至於失控，也不至於從心靈的黑暗地窖中翻湧而出。

或許，過往的傷痛與受苦，在你的意識中，真的都已經沒有什麼了，真的都已經過去了，你真的不受干擾，也不帶有情緒了。但奇怪的是，你多多少少感覺得到，在與人的關係中，你總有一些很糟的念頭，在沒有意料的情況下，在與他人的互動中，感覺到痛苦與受傷。

不論和哪些人相處與互動，那些「關係」總讓你落入相似的情節，產生相似的感覺。你可能總以為是「人」不對，以為是對象不對，所以才會有這麼難受與痛苦的關係。於是，你換了互動對象，換了又換，一個一個的換，卻始終覺得關係中的他人還是不懂你，批評你，不重視你，甚至常常否定你與忽略你。

而即使你費了很大力氣或是想盡了辦法，要解決你在關係中的僵局與困擾，但不論你努力也好，逃避也罷，關係中的痛苦感受仍是糾纏著你，令你心生恐懼。

往內在深處靠近

我將邀請你靜下心，慢慢的往內在深處的自己靠近，帶著勇氣與誠實的心，好好的覺察、發現那更深層、還未完全透徹瞭解的自己。試著不以批判或評價看待自己，僅僅是帶著願意認識自己，與明白關係中的自己，如何擁抱過去的傷痛，在後來的關係情境中，反覆的重演，與反覆的落入相似的過程與結果。

當我們可以承認傷口的存在，對於受過的傷以及其影響有了覺察，我們也才可能有了療癒的開始，也才可能有改變的契機。而改變的終點是，你內在受傷的早年生命缺憾與傷痛，獲得你的看見、接觸與重新理解，並且可以透過有力量的成人你重新給予接納、撫慰與關懷，讓停滯與冰凍在某個時空中的過去的你，可以真的獲得平復、安息與放下。好讓你整合內外原本的衝突與破碎，成為合一完整的個體。當你完成了自己的成熟，真正的長大了，你也才能有機會和一個人創造與建立新的關係經驗，經歷真實的互動關係。

在關係中，先看見自己的價值

我們在關係中衡量，又在關係裡計算。我們害怕自己的失衡，害怕自己付出到什麼都沒有了，卻也什麼都沒得到。

人，一生中，都在尋找自己的價值，或想證明自己的價值。

然而，在關係中，人往往想從對方眼中看見自己的價值，感覺自己的重要。卻又常常在對方的眼中，因為尋找不到自己的價值，而失望，而憤怒，而受傷。

一個人無法知道自己的價值在哪裡，便會希求從他人的回應中獲得自己的價值所在。

「我為你做了這麼多，你都沒感覺嗎？你怎麼沒有一樣對待我呢？」

「我付出這麼多，你怎麼都視為理所當然呢？怎麼都沒有感謝呢？」

「我付出這麼多，為什麼都沒有給我一句肯定呢？到底要我怎麼做才夠呢？」

我們在關係中衡量，又在關係裡計算。我們害怕自己的失衡，害怕自己付出到什麼都沒有了，卻也什麼都沒得到。

付出與獲得

在關係中，這些最巨大的恐懼，總被映照得一覽無遺。

如果一個人不知道自己價值所在，便會使用付出來交換價值。「因為我的給，你需要我的給，所以我有了價值。」

但這樣的給，常演變成怎麼給都不夠，怎麼給都得不到對方的肯定與回饋。在給的時候，人往往不知道，在他這樣給的同時，別人早已養成理所當然，與不在乎他所付出的背後到底代價是什麼的態度。

而他，卻仍是不顧一切的相信，只要繼續的給，對方終有一天，會發現自己的好，會願意回應給他這一份好的獎賞。

那份獎賞，就是他仍然期待著，在對方眼中看見自己的價值。他希望，當證明了自己真的有價值，他再也不會失去愛，再也不需要擔心害怕被不要了。

如果沒有了這個人，他絲毫沒有辦法想像得到，到底自己有什麼價值！他將自己價值的所有評判權，都交給了對方。他不肯相信自己，也不肯花時間摸索、瞭解自己的價值，只是，期待著對方回應一句肯定，他就能心滿意足，覺得一切的付出都值得。

但是，親密關係不能建立在恩情之上，恩情是一種失去平衡的付出，有恩就可能會有仇。恩中常會出現控制，仇則是該感恩者的背叛。

肯定自己的價值

一個真正懂自己價值所在的人，在關係中會安心，他不需要為了取悅對方而將自己扭曲，並將自己變成連自己都不熟悉的人，只為對方活著。

一個懂自己價值的人，知道自己價值所在，不會勉強自己做出為難自己的事。而他因為懂得自己的價值，也就能讓真正懂他價值的人靠近。而不是隨著不同的人的需要，變化自己的價值。

如果你懂自己好的地方，這個肯定就足夠讓你成為一個有價值的人，並讓這一份價值真的為你所肯定。

如果你願意先愛自己，在關係中，你才真正有了愛人的能力。以物易物的交換不同於分享，在關係中想以交換條件來獲取愛的人，無法真正領受與分享愛的喜悅與滿足。

在關係中，不是要做好人，而是做真實的人

我們以為，只要當個好人，就不會被指為壞人，也不會再被批評活著卻沒有對他人有所貢獻與幫助。我們因此被制約，要為了別人的需要而活，要為了別人的舒服而活，要為了不讓別人不悅與怨懟而努力。

有一天，在電話中和好友聊了一陣，好友突然跟我說：「妳真好，聽我說這麼多，陪我這麼久。」

我回答：「不，我沒有好，聽妳說或陪伴妳，不是因為我是好人，而是因為此刻

的我想要聽妳說，陪伴妳。」

她說：「為什麼這麼說？」

我又回答：「如果我是為了做好人來滿足妳，那麼我不是出於真心，我只是想符合我要做好人的規則，或是滿足我認為自己是好人的期待。但此刻我的陪伴，是因為我在此刻真心關心妳，也真心想關心妳。但也許下一次，我無法關心妳，也關心不了妳，那麼我會真實的告訴妳，我真的做不到，無法在那一刻關心妳。這無關於我是好人還是壞人，而是因為我是我，我是流動的，我是變化的，我是活在當下的，我是真實的。」

朋友於是理解的說：「確實是如此，要因為真心想關懷而陪伴，而不是為了要當好人而不得已的陪伴。謝謝妳此刻的真心。」

停止貼上好人的標籤

我們長久以來，從小到大，總是要經歷被人丟來許多情緒與傷害，當我們無法承接，沒有能力承接時，便會被責怪：自私、只顧自己、沒有用、養你做什麼……

於是，我們習慣性的產生愧疚、自責與自我批判，強迫自己不要感受自己，壓制自己的感受能力，然後要求自己應該要去符合那些將不屬於我們的情緒丟向我們的那些人，盡力的討好與滿足，好避免再有愧疚、自責、衝突的不舒服情緒。我們以為，只要當個好人，就不會被指為壞人，也不會再被批評活著卻沒有對他人有所貢獻與幫助。

我們因此被制約，要為了別人的需要而活，要為了別人的舒服而活，要為了不讓別人不悅與怨懟而努力。

只要他人說一句：你不是好人、你怎麼這麼壞、你怎麼只顧你自己、你怎麼這麼不聽話……你就像被下了緊箍咒，動彈不得，只能屈服。

如此，你雖然可以避免被攻擊，避免被貼標籤，避免被隔離與排擠，但你因此活得越來越麻木，越來越不認識自己。你選擇與自己遠離，遺棄自己，把自己視為沒有感受的軀殼，失去對自己的感覺，也失去對自己想法的認同，更不知道自己究竟要走向哪裡。

為了拿「好人」的獎牌，你付出不少代價，卻仍是在收到一句「你不好」的評論時，一切前功盡棄，你仍然被打回你「不是好人」的煉獄中，反覆的折磨著自己，為什麼一切如幻影般消逝得無影無蹤。

你假設，只要自己當了人家口中的好人，就有人會愛你、肯定你，但你沒有看見的是，你想要交換的東西，那些別人的在乎與肯定，不是你可以控制得來的。

拒絕也是一種權利

請還給自己自由，也還給別人自由。

還給自己可以自由選擇付出與否的權利，也還給別人可以自由選擇回應與否的權利。

當你可以接受「拒絕」也是一種權利時，你才有能力拒絕，也給別人拒絕的權利。不把別人的拒絕視為傷害，也不把自己的拒絕視為傷害。

停止誇大別人的偉大，也停止誇大自己的偉大；停止漠視別人的主體，也停止漠視自己的主體。

在這世上，人都一樣，有無助、有脆弱、有失落、有恐懼、有各式各樣的困境與壓力。停止想像你要拯救誰離開黑暗，也停止想像誰該拯救你離開黑暗。因為每個人都有自己的那片黑暗，都有自己內在真實的處境。

我們能做的，是相互扶持，真心關懷一時片刻，但過了這一時片刻，你仍是你，我仍是我。你替代不了我的生命，我也替代不了你的生命。

在關係中，先饒了自己

饒過自己，也是一份不再需要強烈的要求自己一定要如何才願意愛自己的意願。當你願意愛自己，你的心便不再需要因為感受不到對方的愛，而拚命的想要抗爭，想要討回公道……

這是我們社會長期的狀況，花了許多時間與力氣，想改變的，總是別人，而不是自己。

因為站在自己的位置上，所以看到的對方，總是不符合在我這個位置看起來該有的表現、該有的外貌形象，與該有的談吐禮儀，或是態度。

在電影《辣媽辣妹》中，有一段失去丈夫／父親的母女在中式餐廳爭吵的劇情，倍感受傷的女兒對著當心理醫師的媽媽吼著說：「對，對，我是妳完美人生的瑕疵，妳的人生這麼好，有那麼多病人需要妳，有一個即將要結婚的未婚夫，一切看起來這麼完美，就是我，是妳看不順眼的，破壞妳人生的那個汙點。」

這樣的母女衝突，在現實生活中，我已看到好幾對了。

在關係中受傷了

而這種在和對方的關係中感到受傷，有些時候出現在母女之間，有些時候出現在父子之間，或母子之間。但更多時候，出現在伴侶之間、情人之間。我們可能在對方身上一直感覺到被忽略、被評價、被排斥、被拒絕等等的不被接納；或是在對方身上，一直瞧見那些會破壞我們人生理想與完美的缺點、失誤與問題。

無論從哪一方看出去的對方，總是無法好好的照著我們期待的演出，總是無法照著我們的期待來滿足我們。好洩氣、好沮喪，也好多的挫折與憤怒。心裡滿是憤怒與委屈的聲音：「為什麼我怎麼做，你就是不滿意？」「為什麼我對你而言，就是不重要？」「為什麼你不能好好愛我？」「為什麼我得不到你的理解與接受？」

於是，我們在關係中劍拔弩張，拚個你死我活。如果你不能給我滿足，不能照著我的期待走，我也不會讓你好過，也不會讓你稱心如意。

當我在許多演講場合談關係的修復與療癒時，常常會遇到人問：「為什麼總要我先改變，為什麼他不先改變？」也有人會問：「如果我先改變，他就會改變成為我要的樣子嗎？」

在關係中，我們是這麼怕輸，好怕在關係中，自己敗了。所以，總是堅持自己的對與正確，為了這個自己所認定的對與正確，無論如何，絕對不能示弱，也不能低頭。甚至在意氣之爭中，變本加厲地數落著對方的糟糕與沒用、低賤與麻煩。

因此，我們在關係中，經歷著千萬次的傷害，經歷著千萬次的挫折，卻隱忍著受傷的感覺，把耳朵關得更緊，把心鎖得更死，把自己保護得更好，然後不斷把對方放在「充滿問題」的位置，氣憤的將指頭指向他，怪罪對方的逼迫或忽視。那些無法承認的受傷與脆弱感受，轉換成一種因為挫折而形成的自我防禦——憤怒，一講起對方，就充滿指責與批評的攻擊。當兩人都在攻擊狀態中，我們再也聽不到對方內心的傷痛，只聽到對方無情的攻擊與充滿鄙視的敵意。

「我們怎麼會走到這一步？怎麼會變這樣？」好多顆心在關係中受傷得體無完膚時，問的就是這一句。

那些我們希望在關係中被珍惜、被呵護、被在乎、被重視的渴望與需要，都變得越來越渺茫。當談起關係時，只剩糾結與混亂的感覺，只想解脫與逃跑。

沒有人想把自己留在一個厭惡自己的人身邊。

「知止」的智慧

當關係走到這一步，需要先「知止」。停止再往前跨越一步，停止揮動你手中的劍弩，停止你口中那些嚴苛與無情的話語，停止再用情緒暴力或任何咆哮來控制住關係中的另一個人。學習體會「適可而止」的智慧。

當你停得下來，才能停止過去長年累月形成的成見與框架，也才能好好的面對自己不願意面對的真相，關於自己想要否認與迴避的感受，也許是不想承認自己原來無法實現自己想要的完美人生、也許自己不願意承認自己的伴侶輸了自己最不想輸的那一個人、也許不想承認原來自己沒有能力達成自己要的結果。

也許，還有些更早年的傷痛：為什麼一生的追尋與努力，自己還是這麼的狼狽與難堪？為什麼不斷的努力，還是得不到一個安心的依靠或臂膀？

太多人內心儲藏著無法處理的早年傷痛，隱隱作痛、隱隱作痛……藉著如今在身邊的那一個人，將過去的痛與現在的傷全都連結一起，而形成對自己人生最大的否定，與對他人最嚴厲的控訴。

饒了自己，也饒了別人

先饒了自己吧！饒，是不需要理由的，饒，是一份寬容，一份放過，一份不再追討的停止。饒過了自己，才真的能夠饒得了別人。

饒過自己，也是一份不再需要強烈的要求自己一定要如何才願意愛自己的意願。當你願意愛自己，你的心便不再需要因為感受不到對方的愛，而拚命的想要抗爭，想要討回公道，便不需要再抓著對方逼問：「你憑什麼這樣對我？」

當你不再需要攻打對方，你才能開始靜止下來，好好的觀察與瞭解對方究竟在感受什麼、體會什麼、經驗著什麼。你才真的有機會從一個不起眼的地方開始注意，對方在關係中也在付出、也在支撐、也在努力的，究竟是什麼。

在關係中，先從自己改變

我們是自己生命的主人，是最有機會改變自己的人，卻都有不少的理由拒絕改變自己……在生命中，我們「唯一」可以改變的，只有自己。

延續上一篇〈在關係中，先饒了自己〉的主題，許多人在關係中，花了許多心力想要改變的是對方，而不是自己。

這是很弔詭的狀況，因為當我們真的把焦點放在如何「改變自己」時，許多人就會說：「這很難，我的個性就是這樣。」或是：「我控制不了我自己啦！我已

經習慣這樣子了。」又或是：「為什麼要我改變自己？錯的人、有問題的人是他。」

不知道大家有沒有發現，我們對於「改變自己」有好多的抗拒、好多的抗議，與好多的理由，我們都深知自己性格上的限制與突破的困難度。但是，我們卻期待對方可以改變，似乎所看出去的對方，就該輕易的改掉我們認為的缺失、問題與錯誤，改變成我們想要的樣子。

這真的很弔詭。我們口口聲聲的喊：「改變自己好難耶」，卻要別人盡力與努力的改變他自己。

做自己生命的主人

我們是自己生命的主人，是最有機會改變自己的人，卻都有不少的理由拒絕改變自己，我們如何能夠期待別人在我們三言兩語，或惡言惡語，或咆哮衝突中——改變！

在生命中，我們「唯一」可以改變的，只有自己。

如果一個人拒絕改變自己，那麼再多的規勸忠告，再多的耳提面命，再多的威脅恐嚇，甚至幫他遍尋可以改變他的人：有名氣的心靈導師、心理師、牧師、老師、醫師、名人……也不能真的改變他什麼，除非他真心誠意的如此想望，願意透過外界的能量或動力來改變自己。

任何治療師或有影響力的人，其實都是因為當事人自己想改變，而讓人可以鬆動他，對他幫上一些忙。

這是我們在關係中必須清楚認知到的事實；每個人，都擁有他生命的最大自主權與自由意志。這無法被剝奪，也無法被拿取，連神、上帝，都不剝奪也不拿取，因為人必須為他自己的生命負起最大的責任，也必須去領悟種什麼因，得什麼果的道理。

特別在關係中，我們需要好好的辨識，這段關係究竟是如何互動的。我們究竟如何的在關係中，拔刀亮劍，又究竟在關係中爭什麼權？奪什麼利？或者，我們各自在關係中想獲取什麼？害怕失去什麼？不敢承認什麼？

沒有人在關係中是絕對自私或絕對無私的。很多時候看似無私付出的人，卻是在關係中反依賴的人，要讓人因為需要他而離不開他，如此才能證明自己的價值與重要性。

有些時候，看似很自私、很不付出的人，卻在關係中給出他的自由與自主能力，無意識的成為依賴者，依賴著另一個人給，將自己置放在無能與無助角色，好滿足另一個需要成為強者、控制者的慾望。

關係中的人生腳本

在關係中，我們都在演出我們心中的那齣劇，想完成我們心中的那個角色，並且，無意識的要別人來配合演出。

假設，如果我要演出無私者，我必須讓我身邊留著許多依賴者，來實現與完成我

想演出的無私奉獻者，這樣，人生腳本才能演下去。

如果有人要你改變，你會說：好難，我就是如此無私啊！我不會做自私的人。

如果，你不願意、也不會做自私的人，你如何能夠期待，他人從自私依賴的人，改變成一個無私付出的人。

這種僵局，或說是，這樣的戲碼，因為角色都還在，都繼續這樣演出，當然劇情也就自然的演下去。

在關係中，若是為了演出符合與完成心中的角色面貌，那麼這段關係就不是真實的連結與互動，也不是真實的靠近與分享，而是為了實現我大腦所想像的畫面或劇情。如果你自認很努力的演出，也很盡力的符合角色面具，你就會對於對方不配合演出或演得不夠好，而生氣、挫折、失落與煩心。在自己眼中的自己，是竭盡所能的投入演出，但在眼中的對方，實在是不夠稱職，也不夠匹配，讓心中的那齣劇，演得不盡理想，也不夠精彩可期。

我們不能忘記一件事：在關係中的每個人，都有屬於他想像關係的那齣劇，如果在關係中，我們只要對方演出我的劇，配合我演出，卻不願意演出他的劇，配合他演出，那麼關係就會失衡與衝突。不斷配合演出的人就會惱怒：「什麼事都以你的意見為意見，以你的認定為認定，都以你的感覺為感覺，那我呢？什麼時候你才會注意到，我也有我的需要、我的想法、我的主張，與我的感覺？」

這時候，在關係中失衡，不斷經歷挫折與痛苦的那個人，要不是從關係中逃開，要不就用力的攻打、砲火全開的對抗、指責、埋怨。

最後，關係變得支離破碎，或是變得疏離陌生，慢慢的走向——相見不如不見的局面。

走入關係，走進心裡

若要重建關係，若要修復關係，請先改變自己，改變自己心中的那齣劇，改變不斷以角色面貌來綁架自己，俘虜他人。

改變為他人寫劇本的習慣，也改變想成為別人生命中的導演，總要他人配合演出的念頭。

改變自己的不甘示弱，改變自己總將自己的心鎖在鐵櫃中，選擇好好的用心、用情，連結彼此的生命。不只看見自己的付出，也以理解的心看見對方的付出。

當你的心不柔軟，對方再怎麼為關係付出，再怎麼的在乎關係，你也體會不到，感受不到。

也許對方還無法用你想要的方式來為你付出，但你是否可以先以對方要的方式，來為對方付出，來對待對方。

關係之所以能靠近、親密，並不是在於誰對誰有付出的責任或義務，也不是建構在多麼華麗的物質生活上，而是，我心裡感受得到你，你心裡感受得到我。我們的心都能為對方柔軟，都能對彼此溫柔以待。都能因此深知，在關係裡，我們是多麼願意讓對方走入自己的心裡。

在關係中，要能安心

在關係中，多加瞭解與傾聽才能真的讓關係靠近，若是一味的想以知識或技巧來「教導」他人該當如何，關係終究會遠離。

在幾次的場合中，當我提及和伴侶或親友的關係相處，他們很能支持我時，常會有人問我：「妳是怎麼教育他（們）？讓他（們）可以支持妳、同理妳的？怎麼這麼讓人羨慕？」

我聽後愣了一下，同時覺得有趣。我從來沒有想過要「教育」我的伴侶或親友。我相信，如果我的伴侶或親友知道我想「教育」他（們），他（們）也不會因此就覺得自己該受「教育」。

他（們）能支持與同理我，我相信某個層面，是他（們）也收到來自於我的支持與同理。

在我們的社會文化，人很容易站在自己是權威、是正確真理的位置，指正與教育他人該如何行動、該如何思考與該如何感覺，卻不是尊重每一個人都有自己的思考、感覺與行動自主權。

不要老當關係中的糾察隊

很多人不只導自己生命的戲，連帶著也要導別人生命的戲。

只是，在關係中，誰該教育誰？誰有權力教育誰？

父母教育孩子，那孩子可以教育父母嗎？

妻子教育丈夫，那丈夫可以教育妻子嗎？

公婆教育媳婦，媳婦可以教育公婆嗎？

朋友A教育朋友B，那朋友B可以教育朋友A嗎？

主管教育下屬，下屬可以教育主管嗎？

老師教育學生，學生可以教育老師嗎？

若是學習，若是獲得知識與改變，當然誰都可以使誰獲得教育。只是，教育在我們社會，往往只存在於「權位」之中。一旦雙方處於「教育」關係時，彼此就很難親近了，因為我總是在你的行為看見那不合格、不正確、不恰當的，然後告訴自己，我有義務與責任教育你……如此，讓關係中的其中一人總是糾察隊，而另一個人總是被監督的。這樣的關係，怎能親密與貼近？

很多孩子跟我說：當我心情不好時，我只是想要爸媽聽我訴說一下心情，而不是要他們急著告訴我該這樣處理事情、該那樣處理事情。那樣讓我覺得自己好糟、好笨。

久了，孩子不再對父母誠實說出自己的心情，因為一說，就變成「曝短」，總是

有被訂正不完的事。一下子被訂正不該生氣、不該小氣、不該無理取鬧，下一刻又被訂正這句話不該這樣說、那句話不該那樣說……久而久之，孩子變得越來越不想表達，也不會表達了。

在任何關係中，都可能是如此。如果關係中的某人有強烈的對錯價值看法，而另一個人不想聽到被那人批評、矯正、攻擊，那麼最簡便的方式，就是閉上嘴巴，也封緊耳朵。

於是，關係越來越遠，越來越疏離。

關係，沒有輸贏

以前曾聽過一位外國教授說，遇到亞洲人（泛指香港、台灣、日本與韓國）授課時，問有沒有想發表意見或不同看法的，亞洲人常是沉默。一開始以為是語言問題，但慢慢發現，亞洲人的內心都害怕犯錯，都有那一種在課堂上表達後，被全班哄堂大笑，或揶揄與調侃的經驗，怕表現不佳與怕出糗的求學經驗，讓亞洲學生在課堂上越來越謹小慎微，也越來越難表達自己的觀點。當然，也變得很難刺激思考。

這種求學經驗，許多人都經歷過。但在我們的關係中，何嘗不是這樣？

我們常在關係中，爭個你死我活，當關係中有一人只站在自我中心思考著別人的事，衡量著別人的表現，那另一人，只好一直沉默與退讓，但即使口頭上沒說出來，內心仍是暗地抗爭與拉扯：為什麼我一定要聽你的？你說的為什麼就一定對？

在這樣的關係中，人怎能安心？怎能放心？

這樣的關係，只是充斥著「控制」，以自己的唯一價值觀，「控制著關係中的他人」，剝奪他人的思想與感受，也剝奪他人的表達權利。

這樣的關係，無法存在同理心。沒有同理心，便失去了理解他人與為他人設想的能力，關係便很難維繫了。

在關係中，多加瞭解與傾聽才能真的讓關係靠近，若是一味的想以知識或技巧來「教導」他人該當如何，關係終究會遠離。

在關係中，表達與拒絕都是權利

如果你曾經歷到因為被拒絕而被責打、斥罵、羞辱、排擠、推開、批評，那不是因為你的錯或你不好，而是那些人沒有辦法或沒有意願學習一種不會有傷害的拒絕。

過去，幼年時，當你被拒絕了，總是攙著痛；被責打的痛、被斥罵的痛、被羞辱的痛、被排擠的痛、被推開的痛、被批評的痛……

因此，在你的經驗來說，被拒絕＝被傷害＝痛。

即使身軀長大了，也因應這社會的許多規則而學習適應著，但難以覆蓋、敉平的，仍是害怕被拒絕的感受。當拒絕發生時，就彷彿過去的記憶再次重現，就彷彿心中再次經歷被責打的痛、被斥罵的痛、被羞辱的痛、被排擠的痛、被推開的痛、被批評的痛……

於是，你因著拒絕，而好痛。

那是過去當你是孩子時，不斷的歷經那些會讓你痛的拒絕，所累積的記憶，所累積的情緒。所以你害怕被拒絕，也害怕拒絕別人；你害怕受傷，也害怕傷害別人。

但親愛的，不是這樣的。拒絕，就僅僅是拒絕；因為限制而拒絕，因為不能夠而拒絕，因為能力不及而拒絕，因為無法同意而拒絕，因為彼此不同而拒絕，因為不同需要或沒有那個需要而拒絕。

有很多因素促使拒絕發生，但那不是為了要使誰痛，或讓誰受傷。

被拒絕而失落、受傷

如果你曾經歷到因為被拒絕而被責打、斥罵、羞辱、排擠、推開、批評，那不是因為你的錯或你不好，而是那些人沒有辦法或沒有意願學習一種不會有傷害的拒絕。拒絕，僅僅是拒絕；是一種每個人都可以有的權利，是一種對於生命的尊重。

若有人因為拒絕你而傷害你，那是他們錯了，他們僅僅需要說明拒絕的原因，與無法給予或同意的限制，而不需要因為要立刻擺平誰的情緒而恐嚇、而斥罵、而羞辱、而攻擊。

但不幸的是，我們，包括所有的父母，都曾經在幼年時經歷過沒有獲得安撫、陪伴、理解與說明，而突然被傷害的拒絕，以至於我們或多或少都存放著那樣的模式，害怕拒絕會傷害別人，同時又以非常粗暴的方式拒絕了別人。

如果你願意做出改變，那麼開始還給自己與別人一個權利——我們可以拒絕。並且在賦予人這個權利後，尊重自己也尊重他人的選擇與決定。不把拒絕＝拒絕我

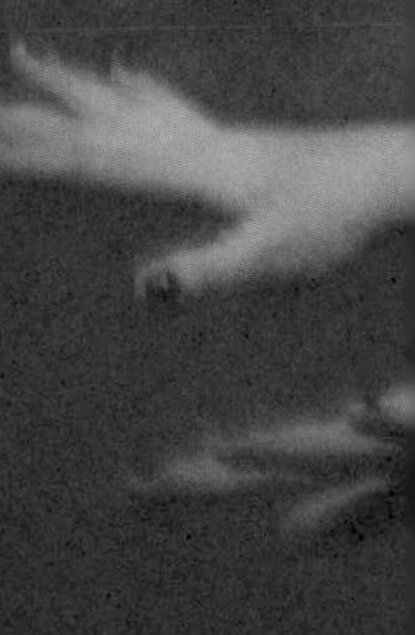

＝不喜歡我＝傷害我＝痛。

這個公式，太傷害人，也太傷害自己，並且讓我們每個人都活在一個壓抑真實感受、壓制自主權利，破壞彼此真實關係的情況中。

若是你真的成長，也成熟了，那麼請你開始這個行動：不以我的喜好與需求，控制他們，不允許他人拒絕；又不以他人喜好與需求，讓自己被控制，不允許自己可以拒絕。不將他人的拒絕解讀為攻擊與傷害，也不把自己的拒絕解讀成是攻擊與傷害他人。

拒絕，僅僅是一種意願上的選擇，僅僅是每個人需要的權利，也是要尊重的權利。

拒絕也是一個選擇

說一個小故事。在我聚會的教會有一個大約五歲的小女孩，父親是美國人，母親是台灣人，她所受的教育是西方式的。有清楚的界線，可以表達自我的需求，同時尊重他人。

有一天，她在教會遇見我的二表哥，二表哥在教會和孩子們的關係很好，他很懂得如何陪孩子玩，所以這個小女孩一見到我二表哥，便非常開心的跑到他面前，問他說：「我們來玩，好不好？」

我的二表哥因為擔任執事的工作，必須要開教會的長執會而無法抽身，所以二表哥回答：「我很想陪妳玩，但不行耶！因為我要去開會，等開完會，看看可不可以陪妳玩，好不好？」

小女孩聽後，又問了一次：「我們一起玩，好不好？」

二表哥再度表示遺憾與抱歉，但希望開完會如果他們還能相遇，就可以陪她玩。

那小女孩聽後，說：「真的不行嗎？」

二表哥心裡不捨拒絕，但因為職責所在，只得再度說：「對啊！現在不行。」

小女孩聽見後，就揮手說：「好吧！那bye-bye。」沒有生悶氣，也沒有表現出

怪罪的表情，或失望的表情。當然，更沒有像許多台灣的小孩一樣開始哭鬧，或是抓著不放。

說穿了，就是不以任何情緒來威脅或操控他人必須要滿足與符合需求的行為。

二表哥很感慨的說，到底人家是怎麼教的，可以把孩子教得如此「懂事」。

我聽後，覺得孩子不是「懂事」，而是在他們的家庭文化中，他們可以將表達與拒絕都視為一種權利：我有權表達需求，但他人也有權拒絕給予或滿足。

表達與拒絕

在台灣家庭，許多人從小到大的家庭經驗中，既沒有權利表達自己的需求，也沒有權利拒絕滿足他人。我們的家庭界線常是混淆的，弄不清每個人都是一個獨立與完整的個體，總是相互剝奪與相互干涉。

我們家庭的氛圍與權威，常塑造出父母有絕對權力決定孩子的生活與作息，當孩子要表達需求時，他必須得到父母的給予與同意，如果父母開口說「不」，常常換得的是沒有異議的服從，不然，你就是不懂事或者不是一個乖孩子。孩子一旦被制約了必須服從，他就會慢慢變得不可為自己的需求表達，若是讓父母為難了，他會有罪惡感，覺得自己真是一個壞孩子、不乖的孩子、差勁的孩子。

但他那些不被滿足的需求呢？消失了嗎？還是去了哪裡呢？

這些未滿足的需求，會開始形成怨念，在心裡盤旋：為什麼我無法得到滿足？你們才不是不能給，是不願意給，因為你們不愛我。如果你們愛我，就會滿足我。

於是，這孩子慢慢的把被拒絕的經驗詮釋與解讀為傷害：「因為我不重要，所以我無法得到我想要的。因為你們不愛我，所以你們才會傷害我。」

慢慢的，拒絕成為一種難以癒合、也無力招架的「傷害」。

這樣的演變，是因為父母先將孩子的需求表達視為一種「麻煩」與「問題」，先羞辱了孩子表達自己的需求，當孩子表達需求，就視作「魯莽」、「吵鬧」、「不乖」、「不體貼」。

孩子在需求無法獲得滿足的情況下，又遭到攻擊與羞辱後，便會在內心慢慢的藏恨，恨父母的拒絕與攻擊。

這樣的孩子，在成長過程中，若是壓抑得了這種恨意或憤怒，便會成為一個害怕拒絕別人的人，因為他的認知中，拒絕是一種傷害他人的行為，他受過這種傷，他會害怕傷害別人，讓別人也受這種傷。不僅如此，他會非常難以表達自己的需求，因為表達自己的需求會造成別人困擾，甚至可能會因此讓自己受到羞辱與傷害，這是一種危險，絕對不可以做。

若是壓抑不了這種恨意或憤怒，這樣的孩子會開始「討」，用各種情緒的張力與強度「討」自己覺得被虧欠的。無法忍受任何人的拒絕，若他人拒絕了，他便會跟你拚了：「你算什麼？竟敢拒絕我？」這樣的孩子無法忍受一絲一毫他人的拒絕，他人的拒絕意味著傷害他的自尊，藐視他的存在。他的傷痛會一觸即發，成為猛力的敵意與對抗。

你一定不陌生，這樣的孩子長大成人後，就在你我的身邊，甚至曾是你或我。

拒絕不等於自私

我們的文化，將人有「表達」與「拒絕」的權利都視為一種「自私」，因此剝奪人表達的權利，也剝奪人拒絕的權利。我們變得要討好別人而活，要以討別人開心或歡喜，來確保我們是主流價值中的好孩子、好人。

但久而久之，我們無法在關係中健康。若在關係中表達需求，這是自私，是一種羞恥的表現，於是要迂迴，要迴避，要假裝沒有需求。若在關係中要拒絕滿足他人，我們也無法安心，因為恐懼自己自私，恐懼自己不夠好，恐懼自己會不會傷害他人的想法，盤桓不退，好掙扎、好困擾。

如果，我們可以不再被過去早年的受傷經驗制約，可以重新標定「表達」與「拒絕」都是關係中的權利，我們就可以還給自己與別人尊重，不總是在關係中鬥得兩敗俱傷，也不需要再爭個你對我錯。

許多人在關係中正處在這樣的惡性循環中，不允許另一個人的拒絕，也不允許自

己表達；或是不允許自己拒絕，也跳腳於另一個人的表達。

關係回到真實

回到真實，在這世上，沒有一個人能夠完完全全滿足另一個人，也沒有一個人，可以完完全全沒有自己的需求。如果我們可以試著理解，身為凡人，別人有限，我也有限，我不誇大他人是超完美，也不誇大自己的超完美，我們才能以合理的眼光看待自己也對待他人。

這樣的真實，必須回到成人的能力與世界中，還原事實，接受事實，不再以幼年無助無力的角度與眼光投射他人的巨大，也不再將自己停在一直等待他人來無限滿足的小嬰孩位置。

其實，我們都是人，就是一個平凡與不完美的人。

在關係中，漸漸成熟

願意好好照顧自己的人，才真的能在關係中照顧另一個人。至少，輪流的照顧彼此，輪流的成為彼此的內在小孩的新父母。

生命旅程中，好欣賞幾個好友在關係中漸漸的成熟。

也許有人會疑惑，什麼是成熟？

我認為的成熟是，開始懂得分辨幼年的自動化反應不是真實的世界，開始願意以

成人的能力與眼光，去重新經歷與處理人際關係的衝突與失落。也漸漸知道，自己已不是過去那個無助與無力的自己，而是有能力學習複雜的互動歷程，也有能力懂得如何處理關係，將自我與關係中的另一人帶向成為完整與真實的人。

幼年的我們，無法透過自己的行動與能力得到滿足，所以總是期待著「他者」可以來關注我們、瞭解我們與滿足我們。但也因為這樣的期待，總是會在期待中歷經失望、失落與挫折，於是，我們開始形成「人我關係」的概念：「一定是我不重要，所以才沒有人注意我……」「都沒有人關心我，我是可憐蟲……」「因為我不值得被愛，所以才這麼容易拒絕我……」「為什麼總是不給我我想要的，是我不好嗎？」……

於是，那些渴望與期待，因為不斷的經歷失望與失落，在我們心中，開始形成厚厚一大疊的沮喪與挫折，也在我們心上壓出一道道的裂痕。甚至，形成崩毀式的凹陷，大大的一個巨洞，就在我們的心裡。

內心的情緒黑洞

那些傷痕與巨大的黑洞，讓人時常感受到不滿足與悲哀，還有強烈沒有愛的孤寂與落寞。我們開始「幻想」是不是會有一個「完美」的人出現：能夠懂我的寂寞，懂我的孤單，懂我的恐懼、無助、失落、傷心……而不再傷害我，無時無刻的在乎我、肯定我、關注我、愛我、包容我、不離開我……

我們期待這一個「完美」的人出現，好解救我們長期以來沒有愛的空洞與失落的傷痛。

有時候，為了擁有這一個「完美」的人，我們會先讓自己成為這一個「完美」的人。對著他者給出所有的關注，無時無刻的在乎：想懂他者的寂寞，想懂他者的孤單，想懂他者的恐懼、無助、失落、傷心……希望不傷害他者，無時無刻的在乎他者、肯定他者、關注他者、愛著他者、包容他者、不離開他者……

但給出了一切的關注與愛，卻在他者一個疏離或無動於衷的反應中，感到受傷，感到深深的失落與哀傷。甚至，有一種似曾相識的被遺棄感、被漠視感。「原來，我給出的重視與關注，並沒有讓我得到想要與需要的重視與關注。」豈不更悲傷。

但其實，這一切都是曾經歷到傷痛的我們，不願意承認自己的傷痛，拚命想要敉平傷痛、抹去傷痛而有的強力追求與努力。這都是因為內心不想要經歷那樣的痛苦與悲傷，才會拚命努力想要「實現」一個幻想出來的結局：我最終還是擁有幸福，我有了一個真正愛我、把我視為唯一的愛人，無論發生什麼事，他都在我身邊，不離開我，我是那個永遠被愛的孩子……

然而，這個想像出來的結局，把我們推向一次又一次為愛受傷的漩渦，與因愛難堪的經驗。

我們不想從幻想中醒來。於是，我們要對方繼續陪著我們演出所想要的劇情。當對方一次又一次沒有照劇本演出時（不符合期待），我們便感到憤怒、委屈、痛苦，與無盡的哀傷。

我們再度進入過去的時光中，面對那被遺棄與忽略的經驗，無法掙脫。那些無盡的傷害性語言，再度響起：「一定是我不重要，所以他才不在乎我，不想和我時時刻刻在一起……」「他都沒有關心我，我是可憐蟲……」「因為我不值得被愛，所以他才這麼容易拒絕我嗎？」「為什麼他總是不給我我想要的，是我不好嗎？」……

失落、不滿足的內在小孩

那個不被滿足、被許多失落與失望傷害過的孩子，再度復生，還魂在你長大的身軀上，哭訴著……

這一切是因為那些大人們的制約，因為幼年環境的拒絕與傷害，而形成的堅固感受與防衛反應。那些感受不加遲疑的竄出來，為的就是提醒你：「來了，來了，這可怕的感受與經驗又來了，又有人要拋棄我、拒絕我、傷害我了……」然後，你開始備戰，開始因為挫折與失望的感受而備戰。開始豎立起你迎戰的旗子，準備砲火強烈的攻擊，那所有的憤怒與委屈，就像是不停歇的砲火，不斷的朝那讓你感覺到受傷與失望的人發射。

這個人，很無辜。他不是最原始拋棄你與拒絕你的人，也不是他造成你生命裡最大的傷口。但是，因為他承接著你對於改變生命傷痛的所有「期待」，你無法忍受他帶給你的失望與挫折，及讓你感到痛心的失落。

這些周而復始的關係情境，與有如輪迴般的關係傷痛，像無法逃脫的蜘蛛網，纏繞著你，讓你窒息，讓你困住。

這些纏繞，使你無法朝向成熟的道路邁進，使你忽略自己有能力給予自己滿足，也使你漠視要先願意愛自己，才能在關係中付出愛，更使你一直專注於要控制另一個人不要傷害你、忽略你，而不是控制住自己的心與生命先不傷害自己、忽略自己。

當內在小孩的新父母

在這世上，我們無法改變其他任何一個人，只能改變自己。我們無法控制另一個人，我們只能控制自己的心與生命。一直想要改變他者的人，其實是一直迴避自己，也無法面對自己的虛與空。想要以控制他者來獲取愛的，終究會在他者失去掌控中，感受到致命的傷害。

這些不被意識、也不被覺知的早年制約與傷痛，若得不到自己的關照，也無法獲得自己的理解與接納，就無法如實的從心屋的傷痛中走出來，重新擁抱新的生命，創造新的生活模式。

無法有新的信念、新的感受、新的經驗、新的歷程，自然也無法有新的對象與新的結局。

若生命想要歷經新的章節，必須願意照顧好心中受傷的小孩，也必須為心中的小孩擔任好的保護者與呵護者，讓心中的孩子在自己的關照中逐漸有力量，逐漸感受到安全與信任，逐漸的長大。

願意好好照顧自己的人，才真的能在關係中照顧另一個人。至少，輪流的照顧彼此，輪流的成為彼此的內在小孩的新父母。

當我們不再複製過去某個時空的傷痛情結（情節），我們才能在關係中漸漸成熟，成為一個完整而獨立的人，並樂見他者也是一個獨立而完整的人。有著不同的生命天賦，有著不同的生命特質，有著不同的生命呼喚，與不同的生命意義。

在關係中，分辨投射與指認出移情

我們並未真實的和人互動，未真實的認識他人與自己，只是將自己內在所認為的、早年所相信的經驗不斷的投射於四周，再與那些經驗的自己相遇。

榮格曾說，我們在一路上，總是以一千種偽裝，與自己相遇。意思即是我們總是在後來的人生路途中，投射出自己過往的經驗，還有在經驗中的情感與未處理的傷痛。而這些投射可以偽裝成任何人，任何反應，在任何與人接觸的剎那間感受情緒。

並且，在後來的人際關係中，無意識的複製關係的型態與互動經驗透過無意識的人際心理遊戲操弄，來讓自己進入某一種過往的傷痛情節，或者再次證明與認定對自己的形象與自我評價。

其實，我們並未真實的和人互動，未真實的認識他人與自己，只是將自己內在所認為的、早年所相信的經驗不斷的投射於四周，再與那些經驗的自己相遇。

例如：如果你過往童年的經驗，是一個不斷在等父母回家的孩子，你一直等一直等，總是在黑漆漆與空蕩蕩的房子裡等著父母回家，在那些時刻裡，你一邊按捺住自己的害怕與恐懼，也忍受著孤單與無助，一邊仍是聚精會神的等待著父母回家，特別是屋外的任何聲音，你都特別小心的聽著，分辨著究竟是不是他們回家了。

早期失落經驗形成的影響

在那些等待的經驗中的你無法料到，那些恐懼與害怕、孤單與無助，還有委屈與憤怒的情緒，都被你記憶下來了，不僅是情緒被記憶，身體也記住了那種難以忍受的煎熬與畏懼。

漸漸的，你的身軀還是長大了，也慢慢成年了，但莫名其妙的，你討厭極了那種必須一個人等待某人的感覺，特別是越親密的伴侶或朋友，你越不能忍受必須要看著時間，等著他出現的那種情緒。或是，當他總是告訴你，他的工作很忙，有幾天不能和你見面，那種被丟下的無助與委屈感就會從心底翻了上來。

這些都會勾動你幼年時，那些可能早被你遺忘情節的情緒：

「我不重要嗎？我比那些工作、事情還不值得你關注嗎？」

「要等到什麼時候？你們總是顧自己的事比顧我還多。」

「為什麼不在乎我的感覺？為什麼總是要我聽話、要我等？」

「我不能怎麼辦？我無法改變他們，除了等待，我什麼也不能做，為什麼我這麼可憐？」

在這些和過去傷痛經驗相像的現今情境裡，你投射出的是過往傷痛的經驗，包括感受、想法、行為反應，還有你對這樣情境的詮釋與解讀。當然還有你所認定的自己，包括你的重不重要、你的被不被喜歡、你是不是值得被善待的、你是不是有影響力等等的自我評價與自我概念。

為什麼那些早年的生命經驗會這麼影響我們？還成為未來人生我們不斷取用的資料、參考的來源？

從人的生命發展階段來看，七歲前正是人透過與主要照顧者的依戀行為互動經驗，在建構與理解何謂關係，關係中的我與關係中的他人是什麼樣的形象、什麼樣的特性、什麼樣的互動經驗。在這些互動中，慢慢形成一套對外在世界、外在他人與對自己的看法與觀點，稱為參考架構。之後，人便會依著他所建構的參考架構，開始因應生活世界的運作，並自動化反應他過去所經歷過的經驗感受，與他所相信並理解的認知信念。

雖然這些理解的角度十分單一，不夠周全與多角度，但這便是孩子的特性與限制，只能以未獲得事實考據的解釋，認定所發生的事件與經驗。

這些自動化的反應，與想當然耳理解外在世界的觀點，在成長的過程中，經由學習，認知思維的發展及擴充，多角度反覆思考、辯論、證實與調動，讓我們漸漸學會離開自我中心的位置，也去試著理解他人所經驗到的歷程，並給予事件更全面性的觀點，協調出一個較趨近事實或真相本身的解答或理解。

但有些情況下，我們卻未隨著生命的成長，而檢視與核對過去經驗是否偏頗，對事件的看法是否扭曲，還有諸多觀點的認定是否偏執。也未在加以檢視下，對過往經驗有較具客觀事實的理解，還是不由自主的落入一種難以跳脫、難以調整與鬆動的反應模式——無論是情緒、認知或行為方面。

無法放下的童年記憶

這些難以從學習歷程來適時發展認知組織與理解能力的情形，最主要的因素之一，是我們內在的心理年齡始終停留在過往某個創傷的情境中，或是在童年被阻礙了個體發展，而無法隨著生理年齡讓心靈也成長、成熟。

這種情形下，往往漠視了自己在成長，忽略了身心日漸成熟的事實，而不斷的複製並移情了關係的角色與位置。

像是，當我們是小孩時，因為大人看起來是這麼的「巨大」，有如巨人一樣，因此在我們小小的心靈裡，他們是萬能、是高大、是具有能給我們滿足的權力擁有者。他們可以決定我們的去向，可以決定我們的行動，可以決定我們的「可以」或「不可以」。在他們面前的我們，是這麼的渺小、無助、脆弱，甚至是那麼的需要他們的保護與他們的給予。

於是，在我們幼年的千萬次經驗，我們懇求、努力表現、盡力符合，一切的言行，都在於想要確保他們對我們的愛與重視不會消退，不會不見。

於是，我們必須時時小心謹慎，時時追求被認同，來獲取資源或保護。我們害怕失去，害怕不被給予，我們將會完蛋、活不下去、糟糕了。

慢慢的，即使生理年齡成長了，那心理仍然像過往那個無助與恐懼被遺棄的小孩，必須依附著強權、巨大者。在心中，怎麼也不願意放棄那個被保護與被給予的位置。為此，還是放棄了自己的感受、自己的思維、自己的能力與自己的行動力，甚至可以放棄自己的天賦、自己的才能，與自己的聰穎。只要確保自己可以持續的處在那個位置，被那強大，有巨大的權力擁有者給予、保護、喜歡與青睞。即使這樣的依賴，讓自己支離破碎、難以成長與完整獨立，也在所不惜。只要確保那一份獨特及專屬的愛是存在的。

那一份強烈的依戀與渴望，幾乎想要讓自己消失，融入那強大者，好讓自己再也感受不到脆弱的孤單與無助，也不需要再背負任何艱難，只要確保強大者存在生命之中，就可以安然無恙。

以上所描述漠視自我、誇大他人的強大，是偏離現實的依戀情懷。忽視自己正在成長的事實，忽視自己可以學習的能力，也漠視自己身上所富有的才能。反覆不斷增強與誇大他人的能力，卻怎麼也不願意承認對方的限制與不足之處。一再地，透過自己的想像誇大對方的完美與強大，不願意真實的看見當下的事實。把自己渴望的能力與完美投射在他人身上，並渴望藉著與對方的結合使自己完整，而非追求自己的完整與成長。這也是孩子時期經驗的投射。如果帶著這樣的模式進入後來的關係，也很容易將另一人投射成如此的完美與強大，為了維持孩子時的自我觀感（無助、脆弱、渺小、缺陷、卑賤），就要誇大他人的能力與權力，來讓自己依附與結合，並且放棄看見自己身上明顯易見的能力與才能，如此創造了「崇拜」情結，也創造了自己想像中的完美對象。

投射作用

當我們現實生活中，有一個讓我們內心自卑的父親，讓我們感受到被拒絕、被否定的父親，我們就會在生活中尋尋覓覓那個「理想完美」的父親。可能是年長的男性、年長的上司、任何有權威地位的男性，會為我們解決問題，會讓我們感覺到被照顧，或是讓我們覺得可以永遠在他身邊當小孩就好的男性。

當我們現實生活中，有一個讓我們內心自卑的母親，讓我們感受到被拒絕、被否定的母親，我們就會在生活中尋尋覓覓那個「理想完美」的母親。可能是年長的女性、年長的前輩、具有母性特質的女性，或是讓我們覺得可以永遠在她身邊當小孩就好的女性。

這種投射的情感，也許是單一方的設定，也可能是兩方同時投射出的情感轉移與情感需求，一拍即合。

這樣的情感是想彌補與修復幼年時受到的創傷，是渴望有另一個看似有能力者的保護，成為內心氾濫成災的恐懼的後盾。

這樣的情感一不小心就會擦槍走火，因為那個渴望有理想父親或理想母親的人，當開始在他以為的理想父親或母親身上看到那些他覺得不滿意，覺得對方不夠理想的地方時，便會在投射的情感中，再度感覺到受傷，那是生命二次的創傷、多次的創傷。

有時，痛上加痛，痛還要再更痛。可是，這些痛苦情境的循環，卻始終無法有個了結。

停止尋找完美對象

除非此人有意識的覺察，停止這樣的尋找；這世界沒有完美的父親與母親，那是人內心投射的想像，是「物化」與「工具化」的看待關係，並且，拒絕承認受傷，拒絕接受失望與失落的發生。他以為，只要不承認失落與失望，人就不用放棄尋找，就不需經歷哀悼，不需為他真實的父親與母親帶給他的傷害哀悼，也不需去承認他的愛，真實落空，真實不存在。

若不停止這樣的尋找，他就無法經驗與創造成熟的愛、平等的愛。他要的是拯救的愛、救贖的愛，是一種永遠不讓他失望，隨時隨刻比他更懂得如何照顧他、保護他、滿足他的愛。

若無法從這種「理想化的繭」掙脫而出，他將在繭中以為自己被保護著，但其實是拒絕成長、拒絕成熟，也拒絕承擔生命的重量。這些拒絕成長的抗拒，往往只是讓關係無法蛻變成真實與成熟的愛。

若要脫胎換骨，若要成為真實而成熟之人，就需要願意以肉身去經驗真實的世

界，經驗真實的關係，而非是設定與想像的關係藍圖。

內在的小小孩

其實，成年是童年時代的延伸，並非取代。於是，投射過往的傷痛經驗與痛苦情緒在成年後的人際關係中，幾乎是常見的現象。

如果，你童年時曾經驗過不被忠誠的對待，像是被孤單的放下，被不在乎的遺留，被不顧一切的丟下……

那樣的情感受創，與無法獲得完整愛的感覺，會讓你經驗到強烈的恐懼與強烈的心傷，並記憶在我們的情緒中樞。

那些童年被遺棄的強烈感覺，在成年後，成為你最恐懼、也最痛恨的事，諸如：朋友約好突然間爽約；諸如：伴侶說好陪你，又臨時有會議；諸如：同事本來和你不錯，卻轉而和另一個人較好；諸如：你想要某人對你好，關愛你，但他卻說做不到，這些情況，讓你童年的強烈感受再度翻湧，並且更加強烈，更加放大，成為巨大的情緒風暴，恨不得毀了自己，也毀了世界。

這是童年的經驗在你的心裡錯植了一個可怕的信念：「如果我被遺棄，我會死去」，「如果我被丟下只剩一個人，代表我非常不重要」，「如果別人不在乎我的感覺就離開我，就代表我根本不該存在」……

這些信念在童年時期，植入，設定，讓你深信不疑這是一個充滿遺棄、充滿恐懼的世界，彷彿靠自己獨活、獨自存在是一件很不幸、很可憐的事，所以你痛惡「一個人」的感覺，痛惡身邊「沒有任何人關愛」的虛空感。

反覆落入恐懼感漩渦

你拒絕承認生命的虛空，也拒絕承認生命孤獨的本質，所以，你更想要抓住、抓緊任何可能的在乎、在意與「想要你」的訊息。

你想要被需要，因為你痛惡遺棄，你想要被在乎，因為你拒絕自己的虛無。

然而，你終究還是會在許多人事物，特別是那些被你視為應該要愛你的人身上，感到莫大的遺棄與莫大的漠視。你痛苦不已，像極了童年時期的那些恐懼，還有無助與不得抗議的那種委屈。你幾乎要想破頭了，卻還是百思不解：為什麼我那麼好，他們還是不愛我？是不是我不夠好，所以他們才不愛我？

於是，你在關係裡，會反覆讀到被漠視與被疏忽的訊息，也常會落入會被遺棄的恐懼感中。

其實，一切只是過去的時光，在現在的時光裡，重新再演一次，換了配角、換了場景，然而，劇情是反覆的重演著，像極了輪迴，像極了反覆重播的電視劇。

如果希望可以建立純粹與真實的關係，就得先辨識與指認出那些從過去經驗被投射出的解讀與判定，還有辨識出自己如何的將過去未解決與未照顧的傷痛，還有未疏通的受傷情感轉移至關係中的對象身上。

只有我們能夠一步一步覺察，願意意識到過往傷痛隱約影響著現在的許多層面，我們就能透過改變認知與調整情緒，學習真正治癒自己的途徑，不再成為過去的受害者，不再讓傷痛以無意識的方式進行著。

當自己的生命有了真正的自由與滋養，完成完整的成長與蛻變，我們在關係中才能有真實的自由，與靠近且親密的連結。而不是不斷的重演心中所認定的劇本，與不斷反覆演出那些老舊的角色。

在關係中，真誠承認脆弱

當我們表達脆弱時，請感受是否是來自於真實內在的感覺。當我們聆聽他人的脆弱時，也試著去體會這是否來自對方的真實感受。

在人生中，你不一定都要知道怎麼辦，你不一定都要看起來很行，你也不一定總是要看起來很優雅、很能面對。畢竟，身為真實的人類，我們總有茫然、徬徨、害怕與無助的時候。

然而，即使這是不爭的事實——我們確實不完美也不全能，但是，生命的早年傷痛，那些羞愧感與罪惡感，還是讓我們執迷的追求完美與全能，好避免再經歷幼年時難以承受的恐懼、羞愧感與罪惡感。

於是你努力的讓人看見你的行，你的能，而漸漸的忽略你的需要，漸漸忘記你的限制。可是，漸漸的，你會開始怨，開始失衡，開始覺得自己承擔那麼多，只是換來更多的承擔。但即使已經覺得承擔不起，你也從來不說出：我沒辦法、我不行……

當你沒辦法承認自己的限制與疲累，沒辦法承認自己的軟弱，你就會開始以埋怨、以委屈來責備別人沒有和你同心，沒有人幫你，總是只有你一個人在累。

此刻，我將邀請你，先凝視自己，先試著懂自己何以不能承認弱，何以不想要經歷輸，何以不能承認自己的限制與不再能夠……

承認脆弱

不能承認自己的弱與不能，會勾動你什麼樣的早期經驗？是被羞辱、是被責備、是被懲罰，還是你最怕的被討厭、被拒絕、被排斥？

在那些記憶的畫面中，弱的經驗、有所不能的你，是如何在那些經驗中受傷、受怕、痛苦？又如何遭受無情的打擊？

過往的你，如何的告訴自己不能承認弱？又如何的告訴自己不要呈現弱？你如何的在內心恐懼，卻在外表看起來強悍與很行？

但其實你心底深知，你沒有那麼堅強，沒有那麼總是能夠，你也不是你所想的這麼沒有感覺，只是，你已經有太久太久的時間，總是忽略與掩蓋自己的感受，你總是要自己不要喊痛、不要承認累，你總是有個想像，只要努力撐著、只要努力付出，總有一天，會有一個人知道其實你很努力、很辛苦，他們會給你肯定，給你大大的讚賞或感謝。

但是，總是落空，落空……你實在不懂為什麼。

那是因為你心中的卑微，不敢給自己肯定，不敢給自己讚賞，也總是認定自己給自己的都不算，自己要來的也不算。那必須是別人發現的，從他們心中為你喝采與讚賞的，那才算。所以你一直等，一直落空，一直等，一直落空，不只功勞動章沒等到，連苦勞動章也沒獲得。

這種不敢要、不敢拿的模式與卑微習性很難改變。但是，若我們不試著調整，調整為：自己願意給自己回饋，自己願意給自己合理的正向反應，自己也願意欣賞自己；而只是停留在等，那麼生命便會在等待別人打分數的過程中，戰戰兢兢，又在別人打出讓你失望的分數中，憤恨不平。

如果你願意，請將定義你自己與回饋自己的權利與責任，交回自己手中。

然後，我要試著再邀請你回看自己的生命，不允許脆弱、也不能承認自己有所軟弱，究竟讓我們的生命付出多少代價？又讓我們的關係呈現出什麼樣的狀態？

必須強，必須是他人的肩膀，必須要為他人的需要不斷負起責任，這些逼迫總讓人身心俱疲，並且耗竭與掏空了自己的精神與能量，然後，又在關係中指責與控訴對方的辜負與不負責任。

接受生而為人的軟弱

其實，我們只需要真實的承認自己生為人，也有軟弱與脆弱的特質，也會有疲累與限制。在坦承中，鬆動許多強迫，鬆綁自己，也還給人一個選擇與決定的空間與權利。

然而，長久以來，受資本主義與追求物質主義的影響，我們的生活環境總是汲汲營營的要我們追求成功，追求耀眼光芒，追求不敗之地，失控了的正向思考主義，往往忽略了人真實的感受與體驗，也讓我們必須拒絕真實的感受，更別說提供允許與空間，讓我們接觸自己的脆弱與限制。

我們的環境總是率先拒絕接觸我們的脆弱。當我們脆弱時，我們會被攻擊：你怎麼會這麼弱？

當我們脆弱時，我們會被藐視：你怎麼不夠強？

當我們脆弱時，我們會被羞辱：你真丟臉，真沒用。

於是，我們和我們的脆弱呈現一種疏離又敵對的關係。我們以十分具有攻擊性的方式對待我們的脆弱，以致我們的脆弱呈現出負向不健康的關係：讓我們變成受害者般，無助無力地呻吟著自己的脆弱，同時痛惡自己的脆弱，想趕盡殺絕內在所經歷到的脆弱。

因著內在的拒絕，我們也理所當然的以相同的逼迫與拒絕對待在環境中的他人，我們沒有脆弱的權利，當然也相同的剝奪他人有脆弱的權利。

若我們願意給脆弱一些溫柔、一些允許；讓我們可以在溫柔中慢慢接觸、慢慢靠近我們內心脆弱的核心，你會發現，內心的核心是用肉做的，不是用石頭做的。所以脆弱的核心，會痛、會受傷、會敏感、會有情緒起伏。

如果，我們可以溫柔的靠近自己的脆弱，不以為恥、不以為對立，不再攻擊……那麼，我們便可以發展與脆弱的正向關係：可以接納、可以撫摸、可以貼近、可以同在、可以理解、可以親近。

我們會知道，脆弱是我的一部分，我包容這部分，並且接納這部分。因此，我可以更完整，更是我自己。

允許脆弱和限制

當你願意與自己的脆弱和好時，你也能夠去靠近他人的脆弱，特別是關係中那個對方的脆弱與限制。你的旁白不需再這樣說：「我還不是這樣撐著、這樣承擔，你憑什麼說你不行，你憑什麼都不用擔。」

你不會再對別人的脆弱恨之入骨，充滿不屑與攻擊。因為你不再攻擊自己的脆弱，也不再對自己的軟弱恨之入骨。

當關係中的兩人都可以承認與接納脆弱，並且允許脆弱的發生，我們才能在關係中靠近彼此的脆弱，而不是拒絕、否定與攻擊。

而這一份承認與接納，才有可能讓我們的關係具有溫暖與溫柔，也才有形成親密關係的基礎。親密關係，正是因為我們可以分享、分擔我們內心的脆弱與難堪，又在彼此的接納與支持中，得著撫慰與力量。

不敢在關係中承認脆弱，也不敢承認需要對方者，其實未真正的信任兩人關係，也未真正的形成關係。當我們越是相信只能靠自己獨自承受時，另一人便被排除在關係之外了。這樣的關係，其實是斷裂與隔絕的。

當然我們還是要特別留意，呈現真實脆弱感受，是為了讓彼此更靠近，更能懂彼此的感受與經驗，並非以脆弱來行控制與要求之實。當我們在表達脆弱，是呈現真實自我的一部分，因此，我們也允許關係中的另一人有真實感受與情況的存在，而不是剝奪與禁止對方的反應與表達。如此才不致失衡，不致成為控制與威脅對方來符合或滿足我需要的工具。

分辨脆弱的線索

坦承自身的脆弱，與接納他人的脆弱，進而允許被撫慰，也能夠撫慰他人的脆弱，是一種成熟個體的展現。

如果以無助與脆弱來進行要求或指使，並且長期如此，那麼這樣的無助與脆弱可能偏離真實，展演成固著與失去彈性的表現，反而讓人有了刻意與誇大的感覺。所以當我們表達脆弱時，請感受是否是來自於真實內在的感覺。當我們聆聽他人的脆弱時，也試著去體會這是否來自對方的真實感受。若我們是以愛接納與包容脆弱，我們不會有被威脅、被綁架與迫於勉強、及身不由己的感覺。這是提供給讀者的一些小提醒及分辨真實脆弱的線索。

在關係中，放下防衛，停止攻擊

你明白了嗎？當你卯足全力，使勁的攻擊世界，用力的防衛自己，你的世界只有戰爭，你的心靈只剩戰場。如此，無論關係中的人是誰，終有那麼一刻，他也會感覺到你的敵意與恐懼，接觸到你的防衛與攻擊。

小時候，你努力當個不會犯錯的小孩，以免觸怒了父母或老師，怕變成那個被說是無可救藥或不配存在的敗類。

長大後，你努力當個不會犯錯的成人，以免觸怒了這個世界，怕被這個世界怒吼與攻擊得遍體鱗傷。

小時候，一旦你出了任何差錯，狂風暴雨般的咆哮與毫不間斷的責罵朝你而來，讓你驚嚇萬分。

長大後，一旦有任何風吹草動，任何人不滿不屑、不以為然的眼神，你的世界便立刻狂風暴雨。

不同的是，責罵的聲音不再那麼需要從外在而來，而是你內在便有一個絕對不鬆懈的監督者，不斷的恐嚇你、責備你，怎麼那麼笨？怎麼學不會？怎麼總是出問題？怎麼老是被人有話說？

你從心裡無法原諒自己，深信若不是自己不夠好，老是不正確，怎麼可能得不到他人的一句肯定？怎麼可能他人始終看不見你的努力？又怎麼總是有話說？總是指責你？

你有沒有發現？小時候責備你的那些人已經不在了，至少你不一樣了，有了不同的能力，也真實的走過一些人生的歷練，但即使如此，他們的聲音在你心中從來沒小聲過，不僅沒消失，還成為你心中攻擊自己最強大的聲音，並且日日夜夜不放過自己！

你因此消失了，你找不到自己，聽不見自己的聲音，只能聽見你心中充滿責罵、攻擊、輕視的強大聲音，既冷酷又無情，並且讓人恐懼與無助。

而當這些聲音成為你心中永遠不會被關掉的留聲機時，你在關係中，便會自然而然、完全不費工夫的認為，關係中的另一個人也是如此看你，如此責備你、輕視你、否定你、酸諷你。

即使對方只是在說明他的一個需要，或是他的一個與你不同的感受或想法，你也會堅信不疑的認為他在否定你、推翻你，批評你的不對與不是。

因此，在關係中，你很容易的感受到受傷與挫折。好像無論你怎麼努力，怎麼付出，對方還是有那麼多聲音在告訴你，你哪裡不夠好，又是哪裡不正確。

你感到非常的挫折、沮喪，同時，很憤怒。

放下防衛的困難

當你感到自己隨時會被攻擊時，為了提防自己受到傷害，你就必須隨時隨刻的保持戒備，提高警覺他人的批評與指責。你小心翼翼的努力偵測他人的批評或指責，你想要確保自己做到完美，天衣無縫得讓人無從挑剔與批評。

但其實，那不是你眼前的這個人真正要做的，他不一定想攻擊你或批評你，他只是表現與呈現出他自己，而他與你是不同的。除非他先遭受到攻擊而對你有所反擊。真正影響的是你內在的環境，早已布滿了天羅地網不友善的聲音，與嚴苛的刑罰，隨時出現來質疑你、批評你、傷害你與毀滅你。

過去那些傷痛如陰魂不散的鬼魅，始終跟隨著你。於是你分外敏感於對方是否有全然的認同你、遵從你、順服你與肯定你，一旦不，一旦對方有他自己的主體想法與選擇，你就天崩地裂的感覺到被推翻、被拒絕、被攻擊與被傷害。

當然，這世界確實有真實的傷害，確實有人會刻意傷害人，但不是所有的人都如此，我們必須學習觀察與分辨眼前這個人是真的要惡意傷害我與攻擊我，還是過去的經驗影響著我，讓我不顧一切的認定所有人都在傷害我。如此我們才不會只活在恐懼與充滿不安全感的世界，時時驚慌、刻刻無助，以致要隨時警備，抱持防衛，準備攻擊你所認定的充滿傷害的世界，而焦慮緊繃，痛苦不安。

照顧傷心、害怕的自己

你還記不記得，當你是個孩子，其實你只想要一個單純的世界。當你是個孩子，其實你只是想要穩定，不會忽有忽無、忽近忽遠的陪伴。

你知不知道，當你是個孩子，其實你只是想要知道即使自己不可愛，或是表現得不亮眼，也會有一個人無條件的愛你、接納你的存在。

當你是個孩子，你只是希望不要再聽到有人說你很麻煩、說你很不乖、說你身在福中不知福，或是總是對你說你該感恩，你原本不配被人照顧。

當你是個孩子，你的心裡有很多傷心，可是長久以來沒人聽，也沒什麼人聽得懂，你開始要自己不要傷心。久而久之，你也遺忘了這些傷心，真的以為你從此再也不會傷心。

你不知道，你只是再也不讓自己感受到傷心。久而久之，你不只不會感受到自己的傷心，你也無法感受到別人的傷心。

傷心，對你沒有必要，而且會讓你感受到充滿不安全感的恐懼與擔憂。你不要那樣的自己，你想要擺脫與遺棄那個會感覺害怕與傷心的自己。

你不知不覺中學會了不斷訓誡自己：不准怕、不准弱、不准沒用、不准不行，絕對不可以讓人失望。

你也學會了一直想，一直想，用不斷的想解決辦法，想自己要做什麼反應，來迴避停留在傷心的感受上。

你不想在生命中帶著傷心。你要讓別人真的以為你很棒、很強、很有能力。你想要一直渴望擁有的重視、肯定與讚賞。

但是你無論怎麼追，怎麼跑，怎麼的沒有自己，怎麼滿足別人，你還是不覺得自己是一個讓人喜歡、讓人願意愛的孩子。

那些你還不夠好、你還沒做到這個那個、你怎麼做不到……的控訴與責備，還是一直跟著你，如影隨形。

和「傷心」對話

請你，不要再追了，可以叫自己停下來，接受現在的停、止。你的傷心，想跟你說說話，你的傷心，想要讓你知道與瞭解，它只是需要你的接納與愛，它不要你真的視它為羞恥，一點兒也不想接觸它。你越認為那個被批評、被不喜歡的孩子是個羞恥，你的傷心也就更加傷心。

其實你很單純，很和平，很想要感受愛的存在。其實你很認真，很用心，只是想要親近安全的關係。你只是想要簡單的生活，擁有簡單的快樂。

如果你可以聽聽傷心說話，你就會明白，傷心其實要的是你，真正的成為自己，真正的療癒自己，真正的讓自己的心安全、平靜，獲得真實的保護。

當你以攻擊來面對外在充滿危險與恐懼的世界，又以防衛來杜絕靠近你自己柔軟的心，你的世界，是怎麼也無法再和另一個人相互依靠與親近。對你來說，靠近另一個人，需要另一個人，都意味著危險，意味著讓他人有權力傷害你。

你明白了嗎？當你卯足全力，使勁的攻擊世界，用力的防衛自己，你的世界只有戰爭，你的心靈只剩戰場。如此，無論關係中的人是誰，終有那麼一刻，他也會感覺到你的敵意與恐懼，接觸到你的防衛與攻擊。

我們必須願意試著瞭解，早年所經歷到的危險與傷害經驗，是其中一種經驗，但那不是全部的世界。在我們有限的人生體驗中，我們都只能從自己有限的環境、家庭、重要照顧者，去體會與發現這個世界的樣貌，但那不是唯一的版本，如果我們不是生活在這樣的環境、家庭，有了不同的主要照顧者，我們的經驗也就完全不同了，不僅換了一個版本，也換為全然不同的體會。

覺察過去

如果你覺醒，覺察過去對你的影響，其實你可以不必要重演，不需以無意識重複著我們所認為的危險世界與恐懼世界。如果我們真的想要在關係中安心與親近，我們就需要去停止繼續的複製敵意、攻擊與傷害，並且願意去正視過去的傷痛；特別是關於早年生命的失落與傷害。如果你慢慢的、靜靜的體會那痛的感覺，你會發現那傷口，其實在說話。

也許那痛的感覺在提醒你：「你還是好怕被丟下的感覺。」

也許那痛的感覺在提醒你：「你好怕被不在乎的感覺。」

也許那痛的感覺在提醒你：「你覺得自己怎麼等不到一個人好好在你身邊，好好愛你。」

也許那痛的感覺在提醒你：「沒有人在乎你受傷了。」

也許那痛的感覺在提醒你：「為什麼還是沒有人肯定你、愛你。」

也許那痛的感覺在提醒你：「為什麼沒有完全的愛，為什麼他們總是有條件的愛你。」

也許那痛的感覺在提醒你：「你還是沒有那麼好，如果夠好，為什麼他們可以隨便離開你。」

這些痛，這些傷心與難過，都不只是在如今的情境中發生，而是更早更早以前就已發生，他如今在你心中駐留，是你心中那個覺得沒有任何人真心愛他、真心善待他、真心疼惜他、真心肯定他的那個過去的你——內在的孩子。他，還是那麼的恐懼、無助、不平、憤怒與傷心。

如果你還是看不見他，無法理解與接觸那個曾經受了傷的你，並且還是難以照料他、安慰他、理解他、擁抱他……你便還是會汲汲營營的從外在環境中尋找一個完美理想的對象，想要把內在那個受了傷的自己丟給他，要那個你認為的完美對象來照顧他、撫慰他，不離不棄的滿足他。

但你終究要失望與失落的。那個完美與理想的對象，不是到最後越來越令你失望，就是到最後，不告而別。更甚者，還口出惡言的表達對你的厭煩與拒絕。

到頭來，那受傷的內在，不僅沒有真正的找到拯救者，還多了一道傷痕，並且更多的證明，這是一個無愛的世界，這世界殘酷得令人沮喪與發怒。

你一次一次證明了這世界的無情與冷漠，殘酷與絕望，卻怎麼也看不見，最拒絕你自己，最厭惡你自己，最對自己內心冷漠與無情的人，其實是你——那一個辛苦與咬緊牙關長大的你。

你學會了生存，學會了競爭，學會了能幹，卻怎麼也學不會，無法明白的是——愛。

愛自己，也愛別人

愛自己，往往是最難。但不愛自己的人，是無法愛別人的。若沒有從愛自己開始學習，只想要不斷地尋求被愛者，那樣的尋求終究是虛空的，也是不斷失望與挫折的歷程。

如果你願意與自己親近，成為自己最好的照顧者與保護者，你的內在會安心與安定。你的內心不會再是過去那個無助的、只能不斷經歷傷害與打擊的孩子，你有嶄新的力量維護自己與承接自己，無條件的愛護與疼惜自己。

內在不斷經歷恐懼，不斷經歷著無助與驚嚇的感覺，正表示著內在住著過去那個受過傷、受過驚嚇的孩子。若那孩子沒有獲得真正的安撫，沒有經驗真正的安全感，他便會自動化本能的激發許多的反擊與許多的情緒反應。

唯有你先願意愛他，保護他，善待他，他才能慢慢軟化內在強大的防衛與不信任。如此也才能在關係中，更深一層的打開自己的心，靠近關係，也讓另一個人真正的走進你的心。

在關係中，停止當受害者，願意為自我負責

當願意先成為自己的主人，有了自己的主權，你才會相信與願意面對自己的選擇。你不會再逃避面對選擇的責任，把選擇推給他人，又怪罪他人不讓你滿意，不符合你的期待。

在關係中，不是要怕吵架，而是能否透過吵架，真正的更認識對方、更理解對方，並能夠更懂得如何相處。

如果在吵架中，只是把自己的耳朵關起來，以至於要用比平常更大聲好幾倍的音量，來壓過對方，指責對方的錯，不斷要對方認輸，這樣的架，吵得沒有意義。

那只是在破壞力中，把對方越推越遠，也讓兩人的心有越來越多重傷痕，隔著越來越多層的銅牆鐵壁。

在關係中，之所以會吵架，是來自於憤怒，而憤怒之所以產生，又往往來自於對另一方的行為或反應，感到失望與挫折，怎麼老是無法照著期待的發生，怎麼老是無法在掌控中，乖乖的照著我的指令與我的需求走。

當關係失控了

有沒有發現，這是一種失去控制的感覺。

每當我在路上遇到吵架中的情侶或夫妻，便會仔細聆聽他們如何使用語句來傳達訊息，常常可以聽見與看見怒氣咆哮的一方對著沉默不語的另一方說著：

「我有沒有告訴你，我有沒有告訴你，不、要、到、晚、上、十點鐘還不回家，家是我一個人的嗎？孩子是我一個人的嗎？我若出去辦事情，都會立刻回家，我都能做到，為什麼你做不到？」
「我告訴過你多少次？我說過了，不要總是讓我一個人去面對你媽，我沒有辦法和她相處，那是你媽，不要推給我。」
「你真的很過分，和我在一起很痛苦嗎？為什麼你寧可和朋友MSN、Facebook，玩線上遊戲，也不願意多花一點時間和我說說話、聊聊天？」
「你把我當台籍女傭嗎？我是下女嗎？為什麼你回家就什麼也不做？為什麼你就可以不維持家的清潔與乾淨？為什麼你就可以每次都說自己很累？我就不累嗎？我就沒有在上班嗎？」
「你就不可以不吵我嗎？你就不可以不要事事都煩我嗎？我已經筋疲力盡了，沒有閒工夫聽你歇斯底里，你是有病嗎？」
如果你慢慢看這些語句，你會發現這些語句裡有著非常多的期盼與需要。
然而，我們很難、也很少去承認自己有需要、有期盼。若去承認自己有需要、有期盼時，我們的內在好害怕經驗到過去當我們有需要時的軟弱與無助，那會勾起過去從小到大時、當我們還是孩子時，或需要別人幫忙時，當我們表達出來，卻遭到拒絕，或遭到指責與嘲諷的經驗。

於是，為了掩飾自己的需要與脆弱，我們開始學會攻擊與指責，以為只要用攻擊與指責，就不會將自己置放在無能與需要他人幫助或給予的羞愧處境。

並且，開始累積了厚重的怨氣與怨念，開始不滿與數落著關係中的另一人，如何的虧待著我，如何的辜負著我。

生命所累積的怨氣

怨，常是控訴著別人如何錯誤的對待我，也常是泣訴著自己生活的糟糕與不滿意。

我曾經遇到一對中年夫妻，他們相互控訴著彼此：「要不是他，我可以過得很好。」

我想起了，很久以前的自己也是這個樣子。我深陷在不滿意也不喜歡的關係中，無論是親密關係或工作關係，我常感覺滿腹的怨，怨別人如何殘忍對待我、怨別人如何阻礙我、怨別人如何讓我過得不好……我的確，曾經有那麼一刻想著：「要不是他，我不會變成這樣……」

我怨著伴侶、怨著同事、怨著主管、怨著關係中所有對我不公不平與輕視我的人。

我以前常不知這是怎麼發生的？我怎麼會老是覺得過得委屈、過得不滿意、過得心酸？

過去十年反覆的重新學習長大與真正的獨立與自我負責，也從理解別人的困境，進而瞭解了自己在關係中的議題與早年傷痛所累積的影響。

我發現，自尊心低落、自信心不夠似乎是很大的因素。因為自尊心低落，覺得自己無法為自己爭取什麼；因為自信心不足，不相信自己離開了某段關係後，真的會過得好。也因為自尊低落，覺得自己不配要求什麼，只能任由環境與他人左右著我的命運。

無法為自己的生命負責，似乎也是怨的來源。無法為自己生命出聲與負責，暗暗期待有人會看見我，會給我一點注目，關心我的狀況與需要，助我一臂之力，給我一些疼惜與愛護；但弔詭的是，因為無法為自己辯白，旁人常是體會不到也看不到，久而久之，常被忽略，也常被錯誤解讀，於是，不被滿足的需求，形成牢不可破的怨氣，覺得自己都做成這樣、付出成這樣了，怎麼都得不到他人應有的重視與關愛。

我看著這對夫妻相互控訴著彼此時，我看見的是兩個受傷的人；因著對自己不滿意不喜愛，以為擁有了對方，就會有人來喜歡自己、愛自己，卻在相處中，慢慢發現，對方根本不愛自己，不在乎自己，自己充其量只是生活中的一種工具。於是，期待破滅，讓他們漸漸生出怨氣。他們像兩個緊緊抓著盾想保護受傷了的自己，又拿著長矛攻擊對方的戰士。

他們的攻擊，不外乎是不想承認自己受傷，也不想承認自己失望。但他們不想就此放過對方，他們仍要對方來為自己過得不好，負起所有的責任。

我對他們說：「你們的內心都受傷了，因為受傷，所以緊張的拿著矛攻擊著彼此。」

我希望他們先各自療傷，療傷後，才有力量來重新看待彼此的關係，重新面對自己的選擇。

承認與接受的學習

這幾年來，我漸漸清楚，年輕時的自己也是如此。因為覺得自己居於弱勢，常感覺自己的可悲與無助，老是想抓東抓西來轉移掉那些感覺。以為只要有了這個，有了那個，我就可以站得穩、站得好。其實不然，因為一時的需要而東抓西抓，常是抓到不適合也不對的東西，也找到不適合的人。

有人問我，那「很糟」的感受該怎麼辦呢？

這幾年的摸索，讓我認為，承認與接受，是重要的學習。有很多糟糕感受，需要承認，當還沒有洞見，還沒有領悟，還沒有方法時，就是要願意承受下來，誠實的面對這些不好的感受，進一步接納這些感受的存在。而不是為了迴避這些感受，在人生中亂抓一通。

不是有很多人為了逃避一時的痛苦，反而往往造成了一輩子的錯誤與痛苦嗎？

無論如何，當自己的心靈不穩健時，建立的關係通常也不會是強健的，常是脆弱的，只要有困難或現實問題迎面而來，就支離破碎得很難繼續。而做的選擇，通常也不會是願意自我負責的，只能往外推卸責任，埋怨他人的惡待與辜負。

而越無法為自己說話的，越覺得不能說出自己需要的，越感覺到別人不在乎、不重視的，怨，總是累積得越重。

如果希望怨氣可以漸漸消融，那麼第一步，必須願意開始學會說出自己的需要，這無關他人是否會來滿足我，或者我會不會要到我想要的，而是我沒有先放棄自己、鄙視自己，或先看低自己的需要與感受。我願意為自己好好表達，無論那會不會得著回應與滿足。

先成為自己的主人

生命厚重的怨氣，總是會讓生命不斷的消耗生命能量，若有一刻，你願意為自己的生命負起最大的責任，不是怪罪，也不是攻擊，更不是控訴，相信那時，那些怨氣該是雲淡風輕了。而怨氣，也不會再從關係中反覆的增生，反覆的被激發。

當願意先成為自己的主人，有了自己的主權，你才會相信與願意面對自己的選擇。你不會再逃避面對選擇的責任，把選擇推給他人，又怪罪他人不讓你滿意，不符合你的期待。

能好好為自己的主體選擇說話，我們才能在關係中具體而真實的存在。如果，我們也有意無意的釋放訊息告訴他人：「其實我不重要，其實我不要緊，其實忽略我沒關係」，這些訊息將使他人漸漸學會忽略你、漠視你、貶抑你。而當你有一天驚醒，發現自己已找不到自己，感受不到自己時，那時，你便得付出更大的代價，歷經更艱難的歷程，來找回自己，拼整回自己。

如果，我們在關係中不願意面對自己，也不願意承認自己在情況中也是有選擇的，我們便無法為自己的人生負責，並且會在看起來無止境的折磨與痛苦中，更深的埋怨對方，也更加的鄙視與看輕自己。

如果在我們的人生中，只是想要持續的留置在「我要一直當孩子」的位置上，一直將生命的渴望與需求，投射於另一個我們認為完美理想的對象，或是我們認為理當照顧與呵護我們的對象身上，那麼，我們終究會一步步的失望，一步步的埋怨。因為人本就不完美與有限，一直在期待完美的過程，便是反覆的在挑剔不完美的地方。即使看似再完美的人，都不免有那麼一刻，會被你嫌棄、埋怨，與失望。

這並非是成熟人格的表現，反而是如同一個孩子尚未學習完成為自我的選擇負起責任，並且拒絕成為成人的心理投射。當你內在處於一個孩子的狀態，不論是三歲、五歲、七歲，或九歲，你便會認為自己對環境對生活的一切選擇與發生的情況，感到無能為力，就如真實的早年經驗一樣，只能任憑環境左右與摧殘，只能任憑大人壓制與剝奪。

這時，你的感覺會掉入「自憐」與「悲情」。這是多麼無奈的感覺，什麼都不能做，做什麼都沒有用，只能無助與恐懼，就如一個「受害者」。

「受害者」心理出現時

「受害者」心理，將會一步步的啃食你的生命力量，也一步步的否定你的自主與能力。無論真實生活中你的年齡有多大，又已經具有什麼樣的能力、學歷與資源，你還是全盤的否定與拒絕相信自己。

而一個人的「受害者」心理，將會使他漠視真實的自己，拒絕發展與學習，只想尋找一個「拯救者」供其依賴，供其滿足一切的需求與安撫不安的情緒。他反覆的拒絕自己，卻拚命的抓牢他人，要他人承擔自己的生命責任與所有的情感需求。

對一個真實的孩子而言，這是需要且重要的；有一重要他人陪伴、支持與滋養生命的成長，並且引導與協助孩子的生命學習，隨著生命階段，漸漸的發展獨立而成熟的自我。

但早年生命的失落與重創，卻讓許多人沒有真實的陪伴者與情感支持者，以致許多人將那落空的缺乏與空洞，投射於後來的人際關係中，諸如：好友、伴侶、親子、主管下屬關係中。將那早年生命受傷的傷痕與受害的情結，推給後來關係中的另一他人來補償，來負責。又在這後來關係的失望與失落中，控訴這一他人的辜負與傷害。

這種在關係中，投射早年受害情結，將另一他人擺放在過去讓我們失望與失落的主要照顧者位置上，不斷的索取，又不斷的控訴，並且大量的釋放我們的怨氣與怒火，這是對現今關係中的另一他人很不合理的對待。

想想，要如今在關係中的另一他人，為所有在我們生命中曾經遭遇的辜負，受傷受挫的傷痛負起全責，並且將所有罪名都推給他，要他償還，這豈有道理？

我常說，這是讓如今關係中的另一他人背黑鍋。而他，必定背得不甘不願，也莫名其妙，並且想逃或拉開距離。

停止重複的循環情節

如果，我們不想重複那些受害的情節，也不全靠關係中的另一他人，背負沉重的罪咎，那麼首先我們要能願意終結「受害者」的心理，不再反覆尋找「拯救者」來救贖內在還不放棄失落、還不承認失去的那個不願意真正長大的孩子。

我們終結這種循環式的尋找，才能終止循環式的受害與控訴。

我們可以願意重返過去，撫慰與療癒內在受傷的自己，為過去的辛苦與受痛的生命哀悼與紀念，真正的徹底明白過去的痛，過去的苦。不再是無意識的，讓過去的含冤陰影反覆的借屍還魂，要找一個對象來替死，來為過去你所受的冤屈付出代價。

停止報復，終結受害情結，我們才有可能真正的學習靠近自己，撫慰自己，也才能真實的從內在有了力量茁壯，長大。如此，在後來的關係中，才不會只是複製最熟悉卻又最悲憤的劇情。

當兩個真實成熟的個體，懂得自我尊重與互相尊重，也懂得自我負責與相互支持，懂得自我關照與相互關愛，才可能建立平等、良性與真實的關係。相互滋養，相互扶持，不再是彼此糾纏，彼此利用與傷害。

在關係中，沒有理所當然

在「關係」的世界，並沒有「理所當然」這一回事。當所有人都認為自己所認定的是理所當然，而失去人與人之間的尊重與真正的溝通，人和人之間只能彼此遠離，害怕靠近。

「物化」或「工具化」關係的對象，是我們小時候必然經歷的階段。因為發展有限，視野無法全貌，最在乎的只有「我有沒有得到滿足」、「那個讓我舒服、讓我安心的人在哪裡？怎麼還沒出現」。

對嬰兒來說，奶嘴、奶瓶是那個可以安撫的東西。

對孩童來說，毛巾、娃娃、枕頭可以是那個東西。

再長大一點，媽媽、保母、阿姨、姑媽、祖母……可以是那個「東西」。

但不同的是，奶瓶、奶嘴，毛巾或是娃娃，那些東西都是被動的被使用，它們不會跑、不會累、不會要它們來它們卻不來，也不會有可怕的情緒、恐怖的聲音。

因此，媽媽、保母、阿姨、姑媽、祖母……成為一個壞的東西、可怕的東西，而期望的是一個理想的、完美的、可以安撫我的東西出現。永遠不會對我生氣，永遠不會不理我，永遠不會讓我害怕會被遺棄，永遠不會傷害我，永遠不會對我有所要求與期待。可以像那些「東西」永遠永遠屬於我，被我使用。只有我可以不要它們，它們不會不要我。

若是帶著要找到一個理想的、完美的、想要的、渴望的安撫者、照顧者的念頭，他便會一直找不到。因為真實的人，真實的另一個生命，不是那樣的，他不是東西、不是物品，他有感受、有思維、有情緒、有自己的行動，他還有限制，會累、會煩、會痛、會苦、會愁、會憂、會病、會倒……

關係，也是互動

若是在關係中，沒有隨著年齡的成長而在心理上成熟，便無法瞭解到我的感受重要，另一人的感受也同樣重要；我會受傷，另一個人的心靈也會受傷；我會累會煩，另一個人也會累會煩；我會無助害怕，另一個人也會無助害怕；我會不想承擔壓力責任，另一個人也會不想承擔壓力責任。

如果你可以明白，關係中，不是總是「我」最重要，不是總是咬牙切齒的想著：「你憑什麼這樣對待我」、「我要讓你同樣的痛苦，付出更大的代價」……你才能真正的理解與明白，關係中，是兩個人的互動、是兩個人的意願、是兩個人的節奏、是兩個人的速度。

不是以某一個人為主的而已。

如果你真的可以意識到這件事，你才能開始準備建立兩個人的真實互動。這互動沒有公式，也不是以什麼條件控制，更不是要朝向誰的目標發展。而是這是兩個人共同的創造、共同的交織、共同的編寫、共同的合作。

如果你沒有準備好面對關係裡的無法掌控，也無法忍受關係裡的不確定，無法接受關係裡不是必然獲利的投資，那麼你還是無法真實的進入關係，還是無法接受這一場冒險與這一場創造，你還是怕那個生命怎麼不如「東西」那麼好控制。你會對於「關係」充滿不安全感，害怕那無法掌控的對方，會離開你、會變心、會傷害你、會遺棄你、會對你厭惡與拒絕。

你會在關係中，感到難以形容的焦慮與不安。你知道你需要對方，但是又感到很無能為力，無法確確實實的掌控對方的意念、行動、心智。可是，即使所有的真實都在告訴你，那個關係中的對象，他是生命，是個活生生與獨立的個體，你還是難以調整自己的心態與渴望，讓自己有更合宜的觀念來理解，事實是只要在關係中，就沒有人會完完全全照著我們的意念與需要，來符合與滿足我們所有的期待與需求。

終止理所當然的念頭

你內心執意要環境來順服與供應，並且視為理所當然。看看我們的社會存在有多少理所當然的念頭想法，諸如：

「如果你愛我，你就會接送我上下班，無論多遠，只要我說一聲，你就應該來接我。」

「如果你在乎我，只要我想見你，你就應該排除萬難，沒有二話，以我為重，不忍心看我失望與傷心。」

「如果你愛我，你就會滿足我的需要，不會拒絕我，或讓我敗興而歸。」

「如果你在乎我，不論我有多麼不合理，你都應該包容我、體諒我，不會對我有任何厭煩與忽略。」

「如果你是愛我的，就不會不懂我要什麼，也不用我說，就該知道怎麼取悅我。」

這種自我中心的愛，是以愛之名，行控制之實，將對方去人性化，看成安撫與滿足的工具，絲毫不需要理解與體會對方的感受、狀態與意願。

你當然可以重視自己的感覺，即使沒有人懂你的感覺或在乎你的感覺，你都有權利在乎與重視自己的感覺。所以你可以表達，也可以提出邀請，更可以發聲。

但不恰當的是因著你在乎自己的感覺，而要求與指責他人沒有在乎你的感覺，沒有懂你的感覺。因為他人不會是你，自然不會懂你的感覺。他人的主體是他自己，也不該將你視為他生命的主體、生命的焦點。

因此，當有人願意試著貼近你，懂你的感覺，你便會知曉那是多麼讓人感動與感謝的經驗，但那不是天經地義與理所當然的。

當你不再以天經地義與理所當然來看待生活中的大小事，你才會發現，每一天、每一刻自己其實都可能正領受到恩典，每一天、每一刻可能都經驗到超乎期待的奇妙，每一天，每一刻都有一份神祕力量在守護與回應。

若是相反，你將生活中的大小事都以自己的感覺與觀點視為理所當然，那麼生活

中，大小事你都會覺得不如你的意，不符合你的要求與期待，你便因此感到失望、失落與挫折。並無時無刻有強烈的憤怒，想要嚴厲的指責與懲罰他人。在「關係」的世界，並沒有「理所當然」這一回事。若你認為理所當然，那他人也會認為他的觀點或作法是理所當然。當所有人都認為自己所認定的是理所當然，而失去人與人之間的尊重與真正的溝通，人和人之間只能彼此遠離，害怕靠近。

因為一旦靠近，就會感受到關係中那種窒息式的壓制，與一種難以負荷的沉重壓力。

人不可能是「物體」。如果想要擁有真實的關係，並與另一個他人建立互為主體的互動，那麼就需要去學習體會與瞭解，想要以控制物體或事情的態度來掌控人，並且要求他人應該要供應與滿足任何的需要，不可擁有自己的感受、情緒、想法與行動，這樣的關係終究不會是健康與親密的。

解除要求和指責

當你可以解除「理所當然」的迷思設定，不再活在自我中心進行一切評價要求，也不是固著的害怕被拒絕、被放下的情緒傷害，你才是真實的邀請另一個人與你建立「你們」的關係，真實的回到每一刻的當下，經驗互動的真實。

如果你曾經驗過被「理所當然」的說法加以要求與指責時，其實你會感受到一種被漠視的感覺，好似自己是個工具，不斷的被操作，被下指令，被擺置，乍看之下，似乎是一種被需要的感覺，但其實是越來越感覺自己的主體隱形與消失，有種被吞沒的感覺。並且深深的害怕，自己如果沒有符合那些要求，不再能達到那些標準，是不是愛就會消失，是不是關係就會失去。

如果你經驗過，你便會明白，「理所當然」的要求與指責，是何等的具有控制性與威脅性。處在這種凡事理所當然的氛圍中，關係只會累積許多的剝奪與侵犯，不對等的委屈與埋怨。維持那樣的關係，只是為了安撫其中一人內心的恐懼，與永不滿足的慾望，那些幾乎是無邊無際的索求與要脅。

那樣的關係，就像是孩提時候為了獲得安撫、接觸才能感到安心的連結物：手巾、枕頭、棉被、小毯、布偶等等，不需要去顧慮沒有生命物體的感覺，「只要我想要、我需要，你就該存在與出現。」

當關係中，有人是如此被當成「物體」，只是為了提供某種功能、某種供應、某些被要求的責任，他，必定不是全然完整的存在於關係中，只是為了維持某一種表面的形象或形式而已。有一天，當他的個體覺醒時，他也會離開這一段把他物化的關係。畢竟，每個人的內心深處，都一樣渴望尊重、被愛與被珍惜。

在關係中，樂於成全與分享

在關係中，很容易形成依賴的是，讓另一個人來滿足我、照顧我所需要的，但自己卻忘了，我們也能是那個願意成全自己的人。

我剛開始做新手社工，主持一個會議時，曾被資深同事斜眼的說：「No function」。考上社工師執照時，也有資深前輩說：竟被妳矇上了！考上研究所時，也有人投以不可置信的眼神：怎麼可能?!出版書籍時，也有人會嘲諷說：憑妳的國文造詣，也能出書哦？

在生命的許多時刻，都是這樣的，不以為然、輕視，或是批評或評價的人，都是真實存在的。

重點是，你要花時間與力氣，與那些充滿不友善的聲音對抗，爭辯，激起情緒。或是，你要花時間與力氣，來栽培自己，相信自己，與專注在自己手上可以真正掌握的事物。

人的想法，人的價值觀，人的認為，是呈現與反映他自己的人格、習性與過去的經驗。其實，和你真實有關的部分，是很少的。你，也不過是他投射過去種種經驗與習慣的一個對象。

如果情緒傷口隱隱作痛

若是你將他的評價、批評與嘲諷收留進你的內在，並且隨之起舞，在情緒與理智間，來回自我攻擊，又自我防護，在心裡七上八下的自我質疑，又自我答辯……那麼這一切也與那人無關了，而是你內在有些情緒傷口被激起、被引發了。

若你真的有情緒傷口被挑起，連結與勾動一種很熟悉的感覺，像是：怎麼不被認同、怎麼無法讓人滿意與肯定、怎麼老是被嘲諷與質疑，是不是我真的不夠好？真的有問題？

這樣連結而勾動的自我質疑與痛苦情緒，是來自我們更早的生命經驗，特別是在我們的原生家庭中、重要家人關係中，常感受到的嘲諷與批評。我們總是試著努力，試著不要介意，試著想要扭轉這重要家人對我們的評語與態度。然而，卻不見得真的能讓對方以我們想要的方式來肯定與認同我們。

這一份未成功、未實現的期待，被我們不知不覺移置到其他生活情境的重要他人身上，只要這個他人具有權威性、具有某種代表性與關係的重要位置，我們就會在乎他們的評價、眼光與態度，彷彿過去那個受傷受辱的自己仍待在心靈內在，想要一個平反，一個證明。以致我們不停的追逐權威者、我們眼中認為的佼佼者、完美者、崇拜者的評價與認可。

而我們在原生家庭被對待的方式，或是手足關係的經驗（許多家庭的手足是競爭關係與比較關係，而非成全與合作關係），關於那些酸諷、取笑、否定與批評，也會不知不覺被我們沿用到與其他人的互動上。因為我們沒有經歷過別的關係互動方式，不知道究竟可以如何創造與經營正向成長的關係。於是我們也易於在關係中質疑他人、否定他人、酸諷他人、輕視他人、批判他人。

甚至，我們毫不懷疑過去我們被對待的方式的合理性，過去的那些大人怎麼說，我們如今也理所當然的拿來看待他人的表現與對待他人。

過往回憶襲來

我記得，我在國小五年級時被選出來代表班上參加學校舉辦的演講比賽，我從未參加過，並且從未被訓練過，只是憑著一種傻勁與榮譽感就參加了，沒想到意外的獲得了年級的第二名，拿回了獎狀。

放學後，我帶著不可思議的感覺，與第一次參加就得了名次的興奮感回家，想告訴我的祖母，當時我與她同住，她是我的主要撫養者，可想而知她的回應對我有多重要。我記得我難掩開心，急速的奔跑回家，把獎狀遞到她面前，興奮的說：

「阿嬤，我參加演講比賽，得到第二名，老師說我很厲害……」我的祖母並未多看一眼獎狀，只是用冷靜又有一些不以為然的口氣說：「又不是第一名，有什麼好高興。」

那時就像有一盆大冰水，從我頭頂澆灌而下，瞬間將我的熱情與興奮急凍。我立刻收起我的笑容，腦子不斷的重複著「那有什麼了不起，又不是第一名」的話，對著我自己說。

那個年紀的我，當然不會瞭解這一句在我聽到的那一刻，已徹底將我對自己的信心敲碎。我對自己的懷疑不斷竄起，我不停的告訴自己，其實我沒能力，也不是真材實料，只是運氣好，就算是第二名也不是真的厲害，因為不是最好。

這些自我否定與貶抑，讓很快又被派出去擔任班上演講比賽代表的我，徹底的落敗，因為焦慮與恐懼，使我足足站在台上腦子空白了十分鐘，一個字也說不出來。自此，我更加認定自己不夠好，就算有什麼表現，也都是虛假的，只是幸運罷了。

這種被看不起、被嘲諷、被唱衰，在我的童年環境裡不停的充斥著，讓我不敢相信自己的能力，也害怕他人的否定與不好的評價。

這樣的影響，慢慢的讓我發展出見不得別人好，同時不敢肯定自己的好的情況。這是一種矛盾與弔詭，因為不敢肯定自己的好，所以當看見別人的好獲得獎賞時，心中便很不好受，會想要攻擊他人，或是漠視以對，而不是為他人真心鼓掌，也不是樂意看見他人成功。

這種情境下，我沒有學會什麼是成全，也沒有學會分享他人的快樂與成就，反而，他人的快樂與成就，正提醒了我的失敗與不夠好的痛楚。

你一定可想而知，這樣的日子，對一個孩子來說，心裡所承受的矛盾與挫折會有多辛苦、多沉重。

不幸的是，在這種環境與情境下長大的人很多。

無意識下的自我否定

若這樣的影響與塑造沒有被認識，這樣的辛苦與受傷沒有被瞭解、被懂，我們便會無意識的將心中的自我否定投射在關係中，成為攻擊他人的利器；就像過去我們被對待的方式一樣，不以為然，酸諷，打擊，否定，忽略，冷言冷語。

這樣一來豈不辛苦，既製造他人的受傷，也累積自己的挫敗。

若是你知覺到這樣的痛苦發生，你豈能再複製？

想想，我們在重要關係中，若持續的沿用那些不以為然，酸諷，打擊，否定，忽略，冷言冷語，關係中的另一人所經驗到的，是在毫無防備下，被原本以為是親密、信任、安全、支持、瞭解、接納的對象重重的推開或重擊。

當人受傷與遭遇攻擊時，心生沮喪與挫折，這是會激起反攻擊的。於是，在關係中，變得必須唇槍舌劍，變得必須時時防衛，又時時開攻。

這樣的關係，豈會讓人願意相信其中有愛的存在？

失去愛的關係

而失去愛的關係，剩下的，會是什麼？可能會是折磨與虐待了。

當我們是愛的關係，在愛中，我會樂意見到另一個人的開展與成長，也會樂意欣賞他付出與努力的過程，更願意與他分享成功的喜悅。

「我以你為榮」這句話是多少人渴望在重要關係中聽到的肯定。許多的孩子都渴望聽見父母親說：「有你真好。」

我們都希望在關係中是真實的被看見、被在乎與被肯定。然而，我們都讓自己居於等待，等待對方的給予與滿足，卻鮮少主動的，樂意的，願意先給出掌聲，給出關注，給出肯定。

當我們一直等不到，一直沒有獲得滿足時，我們的心更加不願意給出重視與在乎，而使得關係處在一種「貧乏的循環」中，枯竭，耗損，掏空。

當然很多人會認為自己一直有在「給予」肯定、在乎與重視，反而是對方一直忽略，沒同樣的給予回應，使自己給得好累，給得好沮喪。

這種單方面的給予，卻遲遲沒有等到回應，是令人好沮喪、好失望，而這種空等，也會折磨、耗損，與掏空自己正向的能量。

適時的為自己的需要表達，也是一種學習。

適時的表達需要

我們可能以為當我們給予別人讚賞與肯定，並且滿足對方的需求，就得忽略自己的需求，或是不能自己主動表達。如果我們主動表達需要他人給予肯定與讚賞，好似是一種乞討，或是一種沒有尊嚴的行為。以致我們以交換的方式，自己先給出，然後殷殷期盼對方的回報，卻在一邊給一邊沒有得到回報的過程中，累積了不少憤怒與失望，並在心中暗暗的加上一筆又一筆的付出，以及對方一筆又一筆的虧欠。

這些支出與收入不平衡的爛帳，開始化成內心散不去的沮喪與挫敗，也開始折損想要給予對方肯定與成全的心意。於是，我們沒有直接表達出的需要，轉成對方失責或失能的批評，像是：「你都不會肯定別人嗎？」「你好自私，都不顧慮別人！」「你只關注自己的事，都要所有人來配合你」……

對方會在受到指責與攻擊的當下，感到莫名其妙與憤怒，更深的情緒則是恐懼與焦慮，好似自己真是很不好的傢伙，好似自己在對方眼中自私又自利。這些指控，使得對方必須防衛，而開始反攻擊：「既然你很勉強，你就不要做，不要配合，我不稀罕」，或是：「對對對，你最辛苦，最付出，別人都是壞蛋，都是自私鬼」，甚至直接拒絕：「你一邊做一邊邀功，要別人感恩，那乾脆不要做。」

無論怎麼回應，關係中的兩人只會累積更多的挫折，而彼此沒有真實表達出的脆弱與受傷感受，還有表達不出的心理真實需要，製造了更多在關係中彼此無法理解，與無法被懂的失望與沮喪。

當我們在表達出自己的需要時，要以「我」作為句子的開頭，並且加上邀請的問句，例如：「我需要得到你一些鼓勵，你是否可以？」「我需要你的一些支持與回饋，你會願意嗎？」「我需要感受從你那裡來的肯定，你是否能夠？」這樣的語句，許多人都會感覺到彆扭，覺得太刻意，或不好意思，實在說不出口。但其實，人與人之間的語言，最重要的意義乃在於溝通與交流，並且增進關係的相互瞭解。若是語言表達上詞不達意，真正的含義沒有被對方理解與接收到，甚至誤解，豈不可惜？

成全彼此的關係

所以，在關係中，我們也可以成全自己，成全自己的需要，成全自己的發展，成全自己的建構。雖然在關係中，很容易形成依賴的是，讓另一個人來滿足我、照顧我所需要的，但自己卻忘了，我們也能是那個願意成全自己的人。當我們在關係中願意成全自己，也成全對方時，這樣的關係，會是平衡與互惠的。反之，關係會成了較量，也成了競爭與爭奪的戰場。

如果對待關係，只有較量、競爭與爭奪，便無法互惠與分享。以競爭看待關係的人，關係，只會變成工具；是為了贏，或佔有，或控制與利用，而建立了此關係。關係之間，只是成了滿足自己與打敗別人好證明自己的好的競技場。

這樣的關係，埋藏了很多心計與防衛，又何來真心實意？

關係必須願意分享與合作，有了兩人共同的經驗，才有一起更好的可能，也才能一同向上提升。

這才是關係的美好價值與意義。

在關係中，願意彼此同理

當兩人關係中願意彼此同理時，我們走進的是對方的內心，而不是在事件上的是非對錯。而同理心要真的能在關係中運作，也必須建立在兩人有清楚獨立的個體界線上。

所謂好好表達情緒，就是讓情緒有一個表達的機會，讓情緒可以獲得理解、抒發、共鳴、接納，也可以更瞭解自己的主體感受與所發生的經驗。

但很多人都有一個迷思，將表達情緒與改變事情連結在一起；覺得若表達情緒，卻無法改變什麼，那為什麼要表達？

特別是在我們過去的經驗，往往表達情緒會招來許多橫禍；像是有更大的責備、有更猛烈的攻擊、更可怕的後果……

所以，有人會說：「若表達出生氣，對方不僅沒有改變，反而有更大的指責，那為什麼要表達生氣？」

也有人會說：「為什麼要表達哀傷？表達哀傷了，他也不會回來，也不會改變這個事實，那為什麼還要表達出哀傷？」

還有人會說：「為什麼要表達害怕？即使表達害怕也不能就此不用去面對，那表達害怕做什麼？」

許多人將情緒視為一種具有功能性（確實有這種功能）的策略，想用情緒去影響別人，去改變他人的決定。相反的，若情緒無法牽動他人、影響他人，則這人便會否定情緒表達的價值與意義。

確實有許多人會以情緒去操控他人，特別是當我們還是孩子時，我們常感受到大人們以情緒威脅與恐嚇，這使得許多人都害怕被情緒左右與操控，害怕靠近情緒與理解情緒。

排除以情緒進行恐嚇與威脅的病態例子，情緒的表達最重要的意義，在於關係的連結，與相互的瞭解及兩人內在世界的靠近。

當我們表達情緒時，可以是一種個體經驗的分享（例如：我感覺到有些難過，今晚的氣氛似乎不如預期……），這樣的經驗分享，並不是要「改變」任何的結果，而是我在傳達我的內在所發生的歷程，包括我的情緒感受與想法。

人與人之間，若少了可以安心表達情緒的空間，也少了相互瞭解情緒經驗的意願，那麼，即使人與人生活得再靠近，甚至睡在同一張床上，其實是充滿陌生感的，並且心靈的距離可說相當遙遠，更可能是完全疏離的。這種疏離到無話可說，疏離到你聽不見我，我也聽不見你，我碰觸不到你，你也碰觸不到我，正是因為情感上失去了連結，才無法靠近。

回應同理心

同理心，就是讓兩個「不同」的人，能彼此體會與感受對方的感覺與情緒的能力，好讓我們可以離開「自我中心」的位置，去理解與體會另一個他人的情感變化與歷程。

想想看，這多麼美好，造物主使人類有能力學習與發展去體會另一個個體的感受與情緒，透過這樣的體會過程，我們能去和另一個不同個體靠近，理解他內心的世界，進而有了正確的回應。

也因為人類有同理心的能力，我們的世界才不至於情感冷漠，也才不是全然的孤立，而能與人有了情感共鳴與連結。

而同理心相較於同情心的不同之處在於，同情心不必然要瞭解對方的感受，反而是以自己的主觀體會去想像對方的處境與遭遇，失去瞭解對方的情境脈絡就擅自解讀對方的需要。在這種擅自解讀中，不僅未能尊重對方的個體性，更可能誤解了對方真正的感受與處境，同時剝奪了對方的生命力量。

同理心則不然。同理心是願意先放下自己對於事物的感受與體會，或是價值觀與評價。並且在放下自己的同時，將自己的內在情緒狀態倒空。唯有人可以先將自己放下，將自己淨空，他才可能以純粹的態度去全然承接對方的表達或情感展現。然後，在同理心的發揮下，我們賦予一個人情緒與認知的主體性，他是他生命的主人，在他的生命經驗中，他有屬於他獨特的情感與經驗，我們尊重，且願意理解。

然而，許多人在所謂的「傾聽」（關係溝通的第一條件）中，大腦其實都是處於「分析」與「評價」的狀態，而非是同理心強調的「理解」與「感受」。這樣的「傾聽」並不能達成同理心的展現，反而是另一波爭執與傷害的開端。

傾聽聲音

因為，當我們傾聽另一個人表達他的情緒感受時，或表達他的體會與經驗時，並不適合以分析與評價來對應。若是如此，對方的情緒感受或體會到的經驗，並未被我們以同理心感同身受，反而是推開與評論，自然無法給予具有理解性的回應。

所謂感同身受，絕不是指以分析與評價給出看法或意見。這是很多人在關係互動中的失誤。當然，如果是針對一個主題或議題在探討，再提出建言，或是針對一個情況給予意見或分析，這沒有問題，我們可以就事論事、就情況分析好壞。但若是我們在關係中，聆聽的是另一個人的心情感受，那麼原本是要相互關懷、理解、交心、親近的人，我們卻是在他述說自己經驗與感受時，將自己的情感抽離，以理智不帶情感的方式回應，可想而知，對方會經驗到的是一種不被真正在乎、真實關懷與理解的失落與失望。

看看我們生活的世界中，有多少的關係，諸如親子、伴侶、朋友、同事、伙伴、部屬之間，發生的真實互動情況，當一個人表露自己內在的感受與對於一個經驗的體會時，他此時需要的是一份情感上的理解與支持，或是一份共鳴與連結，但另一個人常是有聽沒有懂的自顧自的回應；表面上是在聽，但內在卻是不斷的分析與評價，以至於當聽到一個段落，傾聽者自認為已聽到「事情」的重點，或是問題的關鍵點時，就開始給予評價式、分析式的回應：像是「你想太多了啦」「你之所以有困擾就是太閒了」「你根本是在庸人自擾，這種事有什麼好在意的」「如果覺得不喜歡不高興，那就不要做了呀」「你就是太沒用，硬不起來，才會一直被欺負」……

這些聽起來像是關心的話語，卻是很令對方感到挫折與沮喪的回應。因為沒有站在體會對方感受的根基上來理解來龍去脈，去給予同理心的回應。

我與你同在

如果一段關係沒有同理心的存在，我們可以大膽斷言，這段關係必然會有許多衝突與對立，甚至是疏離、難以親近的關係。久而久之，關係會漸漸有了冰點，漸漸產生一種不如不說、不如不交談的冷漠感。

然而，要有同理心能力的關鍵，是一個人也要願意去感受與理解自己的情感，並且願意坦誠覺知。對自己的感受誠實者，便能對自己的情緒歷程、情緒感受有所經驗，有所面對。反之，若採取壓抑或漠然的態度，則是對自己的情感經驗一無所知，也無法細緻的理解自己的情緒歷程與原由。當他人在表達情感經驗時，自然也會對他人的情感歷程與情緒反應無法體會、未能理解，甚至感覺到莫名其妙，而任意批評或否定。

台灣社會對於同理心（也是一種情緒智慧）的忽視，以致我們在成長歷程中失去許多發展同理心能力的機會。而無法具有同理心，對於關係的傷害與影響是很巨大的。我們都期待與渴望在關係中被理解、被懂、被接納，如果我們在關係中所進行的分享與表達，不僅沒有讓我們關係之間更靠近、更相互理解，反而接收到更多的評價與論斷，我們一定會對這樣的關係感到不安、沮喪，與挫折。

同理心的存在

當同理心能在關係中存在，被彼此體驗，關係才能透過被懂、被理解與被接納的歷程，不斷的經歷著滋養。

感情，是需要滋養，需要灌溉，需要呵護的。

如果，關係中有一人始終感受不到對方的同理心對待，漸漸的，他也會開始拒絕以同理心對待對方。其實，人與人之間是一種相互的影響，與相互循環的歷程。我們收到什麼，就會給出什麼；我們得不到什麼，也會無法給出什麼。

而人與人之間，也很常見所給出與想獲得的有所落差與失誤。

像是常見父母給出的是物質、金錢，卻想獲得孩子們的愛與體貼。這是一種很失誤的觀點及行為。當父母以給出物質與金錢（往往這是上一代自己小時候的缺乏與渴望）來表達關懷與照顧時，孩子接收與感受到的是物質與金錢帶來的感覺，像是感到好用、想追求更多的享受、可以任意使用物質等等，卻不是接收與體會到來自「父母」的愛或關懷，或情感交流的感覺。

可是很多父母，卻是在努力工作，提升家庭物質享受能力的同時，感覺到疲累與犧牲，而想要跟孩子要一種感謝，或是一種貼心，希望孩子可以來聆聽自己的心情，或承接自己的情緒，以作為對父母親犧牲付出的回報。

這很弔詭不是嗎？

人和人的連結

孩子成長的早年階段，不一定會渴望物質的豐厚或名牌物件，他們要的是陪伴、情感連結、愛與安全的感覺。但是當家庭的大人難以提供與回應，只是不斷的加深孩子去體認物質世界的重要，大人的辛苦與忙碌也是為了給孩子豐厚的物質生活時，漸漸的，孩子會將對父母親的情感需求割捨，並且慢慢的與物質產生連結，在一點一滴的影響下，孩子更熟悉的是物質，更習慣的是與物質的接觸，而非是人或情感。

這是上一代給的訊息，潛移默化，無從迴避的結果。我們不難發現，這四十年來台灣追求物質生活條件與物質享受的影響下，人與人之間關係的薄弱與疏離。人與人之間好似都剩下條件與需求供應的交換，情感的連結與愛的分享越來越少。

而在這樣的塑造下，人們也誤以為建立關係與維繫關係的方式是透過金錢或物質。所以諸如建立友誼、建立伴侶關係、建立任何親密情感，也沿用了我們在親子關係中所體會到的，唯有我們有能力給予物質條件或金錢，別人才會需要我與肯定我。而當我們給出物質與金錢時，內心想要獲得的卻是心理的需求，像是價值感、自尊，更多人想要在關係中獲得重視、被在乎與視為唯一的感覺。但是，卻一次次的發現，即使付出許多金錢，給出許多物質，也沒有真的為自己換來想要的愛與重視。甚至好像被對方利用似的，只有當對方有金錢與物質需求時，才會想到我們。

這種感覺令人很氣餒，很難過，不免在心裡想著：「我為你付出這麼多，你想要什麼我都給，都幫，但為什麼在你心裡我卻不是唯一？而你也沒有對我像我對你這樣，什麼都願意付出？」

這種情況就是我說的失誤。我們如何以錢與物質換來需要的愛與重視？

當我們以錢與物質作為建立關係的條件與籌碼時，關係的基礎便是建立在這些沒有情感的東西上，而不是在你我之間，不是在兩個人的相知相惜，相理解相扶持的情感上。

同理心的存在，便能使我們的關係建立在情感上，並能產生內在心靈深刻的連結。

珍重這份關係

當你珍重你們的關係，也願意讓關係更好，那麼這份意願會讓你願意學習同理心，讓同理心促使你們的關係建立在相互理解與相互知心的品質上。

當兩人關係中願意彼此同理時，我們走進的是對方的內心，而不是在事件上的是非對錯。

而同理心要真的能在關係中運作，也必須建立在兩人有清楚獨立的個體界線上。我們不會剝奪他人的情緒感受，也不會讓別人的情緒感受輕易侵入到我們內在，以至於分不清究竟是誰的情緒感受，又是誰的情緒歷程。

在大部分的關係中，最困難的問題之一便在於此；分不清楚個體獨立的界線。總是被對方的情緒波及，並且開始晃動自己內在的情緒感受。因為對自己的情緒感受無法認同與接納，便會在另一個人表達情緒感受時，懷疑自己的感受，但同時又因為無法認同對方的感受，而內外衝突，不論認知或是情緒，都激發出強烈的失衡反應。

一段不理想的關係

我以常聽聞的例子，來說明情緒相互侵犯與相互剝奪的情況。

例如，一個女兒長大的歷程，她漸漸因為無法建立信任與深度關係，而開始自我探索與自我認識，於是，她不斷的回顧自己早年的生活經驗。她發現，童年時因為父母親太忙碌，她有許多時刻，感受到孤單與無人陪伴或關懷的落寞。當她渴望有大人陪伴時，好不容易等到父母親回家了，想要膩在父母親身邊討愛、討關注時，卻時常受到斥責或是驅逐，像是：「妳在煩什麼，趕快去洗澡，做完功課，上床睡覺，拖什麼拖？」或是：「走開，妳是白目嗎？看不到人家很累了嗎？」

在那些經驗中，她的孤單與寂寞，渴望被關注的需要，都不被懂，不被接納，只有不斷的壓抑，吞進那內心深處的枯井。漸漸的，她不再渴望大人，當她有同儕，有力量走向外在世界，她開始尋找可以給她愛、給她關注的人。

可是她也漸漸體會到，或是反覆的經歷到，即使暫時好像獲得一份關係，或是一開始以為自己是被在乎被關注的，卻總是會覺知到他人的忽略，漸漸感到對方的冷淡。而自己內心總是擺脫不了一種恐懼；恐懼被嫌棄，恐懼被覺得是麻煩，恐懼不被愛而被拒絕。

當她知覺到這可能來自於童年陰影的影響，那些內心經歷過的孤單與失落，恐懼與無助，時時刻刻在她的潛意識裡隱隱作痛，隱隱作祟。

她很想要弄清楚她的童年究竟是如何的被影響？在她有限的記憶中，是否自己真的是一個不被愛的孩子？是否父母親真的一點兒也不關注她？又是如何照顧她，她如何經驗了與累積了這麼多對於關係的恐懼與擔心？

在鼓起非常大的勇氣，進行許多心理建設後，她終於找到一個機會，向母親探問她小時候的生活，並問問當年父母究竟在過什麼樣的日子。

母親並不理解為什麼孩子要問起當年，也不明白孩子究竟想得知什麼。母親便自顧自的說當年自己的辛苦，與如何不被婆家珍愛，為了要扶持一個家，只能委曲求全，若不是為了孩子，她其實很想要離開這個婚姻……

當女兒聽到這裡，若她沒有清楚的個體界線，沒有穩定的自尊與自我價值感時，她會立刻感到憤怒或沮喪，她會因為母親情緒的侵入，而後悔探問，此時探問變成了二度創傷，讓她後悔不已。

或者，她會因為母親情緒的侵入，又想維護自己個體的情緒權利，想為自己一直沒有表達的孤單與寂寞，還有長期的受苦中冤時，她便會激起抗議之心，以怒氣表達自己承受過的苦與痛沒有人懂，甚至可能指責母親是一個自私的母親，心中只想到自己，絲毫沒有顧慮過孩子的心情，根本不是稱職的母親。

可想而知，此時的母親內在受到強烈的侵害，感覺到被攻擊的恐懼，也開始激發起防衛自己的本能，而對孩子發出咆哮與指責：「哪有哪個家的孩子像妳一樣，對媽媽這樣的態度，不貼心，不懂事，我的苦妳一點也不明白，我的犧牲妳一點也不放在心上。」「我是欠了妳什麼嗎？給妳吃給妳住給妳學費，沒讓妳吃苦打工，沒讓妳餓著一餐，妳有什麼好埋怨我的？我是上輩子作了什麼孽，生出妳這麼不孝的女兒。」

當然母親們攻擊的回話，都不會好聽到哪裡去。母親此時無法自覺自己在說些什麼話，她被自己的情緒牽動著，想要打敗她眼前這個對她不滿意的敵人。

被彼此的情緒波及

在這樣的例子裡，我們可以看見彼此的內在受到對方情緒的波及，而震動到自我的價值與自尊，為了防衛，也開始將自己的不明情緒，在沒有清楚釐清與確認的情況下，一味的發散與傾瀉。

發散與傾瀉情緒並不會讓關係更好或更親近，只是讓彼此徒留一次糟糕的互動經驗。

如果此時，母女兩人願意以同理心傾聽並回應，情況就會大大不同。

當女兒探問時，講起自己童年的記憶，即便對母親而言，那是偏頗或不是全貌，做母親的也可以試著理解，那「就是女兒自己的」童年記憶。每個人都有他自己記憶的方式，沒有人可以記住所謂真相的全貌，不同的年齡層與不同的處境，每個人都會去選擇記憶他所能與所想記憶的，包括感受、情境、味道、影像、符號……

如果母親可以用心、用感受去理解女兒有限的「記憶」中，如何的建構了她的生命體驗，她會試著去體會對一個孩子而言，當感受不到自己是被喜愛被關注的人時，內心的沮喪與哀傷。

如果母親願意同理的傾聽孩子的內心世界所知覺到的經驗，這其實沒有對錯的問題，也不是真相為何的問題，而是這孩子若是這樣體驗、這樣感受，那麼她的心必定受傷了。此時，母親同理的回應若是這樣：「孩子，我不知道妳的心裡放著好多孤單與難過的感覺，那一定好難受，也會讓妳好受苦，讓妳以為自己是不被愛的孩子。我聽了也覺得好難過，對我來說，我愛妳也重視妳，但我不確定我那段時間自己是否有足夠的精力好好注意妳的心情，對我來說，似乎生命也在經歷著難以承擔的壓力與變化。」

這樣的回應是對孩子受傷的心靈的撫慰與關照，母親沒有對孩子受傷的心嗤之以鼻，或是攻擊羞辱，而是慢慢緩緩地聆聽，理解，感受，回應。

孩子受傷的心靈若有被撫慰與關照，她的心靈會滋長出力量，她也會願意同樣的給出聆聽與理解，來感受與體會母親的生命所遭遇、所經驗的。

劃分你我的界線

所謂清楚的個體界線便在於此：我有我的感受與想法，你有你的感受與想法，你不需要以我的感受與想法代替為你的，我也不需要以你的感受與想法取代為我的。我們是獨特的兩個個體，我們經驗著不同的情感歷程，有不同的視野與觀點，所以我們表達、互動、分享，瞭解彼此的感受想法與經驗，但不是要否定和我不同的，也不是要求自己與他人相同。如果這樣的界線沒有被維護，甚至反倒被破壞、被剝奪，那麼關係中情緒混淆與拉扯便會時常發生。

原生家庭帶來的影響

關於個體界線的維護與建立最源頭的基礎，仍是和一個家庭的創塑有關。有的家庭不允許也不重視家庭成員的個體界線，像是衣服的共穿，房間的共用，甚至房門絕對不能關閉，不能有個人書信的保留等等。嚴重的，包括身體的界線也被侵犯與破壞，像是只要大人說了，就要不顧自己的意願與感受，去被抱、被摸觸、被發洩。

無形之中的界線破壞是很可怕的傷害，導致的是我們在關係中既不敢有自我個體，同時也剝奪與侵害他人的自我個體。我們會在關係中感受不到對我個體的尊重，時常自我懷疑，卻也不允許他人擁有他自我的個體。

因此，個體界線穩定與健康的人，也才能啟動同理心。同理心便是尊重每個人有其自己的情感歷程，也有他個體的經驗，為了尊重，所以可以聆聽，可以試著理解。

當關係中存在著傾聽與理解，彼此才能有真實的連結與真實的交流，而不是處在對立或冷漠無連結的狀態中。

這才是一份真實的關係。

在關係中，回歸真我

這些千萬次的微小記憶，你早忘了。但就是記得那種當說愛你的人消失了、不見了、離去了、不再掛念你，好像要排除你時，那種說不出的心痛，與表達不出的哀傷……其實，你受傷了。

真我，是一個完整而真實的獨立成熟生命。

但在我們傷痕累累的成長過程中，我們很難真正的成為自己，很難依著自己的天賦與特質，如實的隨著生命歷程長大。總是會有壓縮，總是會有扭曲，總是會有迷失。

早年所經歷過的心理傷痛，會被我們延續至成年後，並且在我們的親密關係，與重要他人的關係中反覆被經驗、被複製與被重演。因為過去成傷的，現在遇到了，並不一定懂得有不同的方式去處理與看待，往往會落入過去的時空中，以一種未經意識的直接自動化來反應。彷彿「過去」從未過去，它很快的就成了「現在」。

在我們人生早年的傷痛之一，就是必須忍受與經驗那些來來去去——那些來到我們身邊的人，又離開我們身邊的人；那些相似的事物來臨，又無聲無息的消逝。

生命早年的失落傷痛

當我們是孩子時，我們是這麼小，我們無法真的理解為什麼那些重要他人總是停留，又總是離開？

而無論我們如何哭喊，如何表現出害怕，會走的人還是會走，即使我們並未好好說再見，即使我們並未準備好分離……分離還是發生，我們還是被遺留，被擱下。

心裡經歷過的痛苦，關於那些不明就裡的分離，那些總是沒有說明的消失，那些一下認為被愛著又一下可以被置之不理的關係，成人後，成為最難忍受的情境，也是最難撫平的傷口。幾乎是一觸即發的崩潰，或情緒失控。

你會有好多的「為什麼」：

為什麼你可以不理我？

為什麼你可以說不見就不見？

為什麼你可以不告訴我你在哪裡？

為什麼你可以說分手就分手，卻不再想念我？

為什麼你可以昨天還說愛我，今天你卻說不愛我了？

為什麼你可以說忘記我就忘記我，卻留下我一個人在回憶的深淵中？

你只知道現在被辜負、被遺留、被放下、被忘記、被遺忘的傷，卻遺忘那好久好久以前，當你還是孩子時，曾經你被遺留在一個黑暗的屋間，無論你哭喊多久，都沒有人出現。無論你如何害怕，還是沒有人來到你身邊。

你可能也遺忘了，你的父母好忙好忙，你的父母匆匆把你丟給某人就離開，他們說消失就消失，總留著你一個人害怕與無助的面對陌生的情境。

你可能也遺忘了，你的媽媽明明說愛你，但當她憤怒的大吼大叫，對著你說你做錯了這個做錯了那個，她怎麼會生出你這個蠢才與不孝女（不孝子），那一刻，你好疑惑又好恐懼，若媽媽是愛你的，為什麼這一刻她好像會不在意你感受的傷害你？

這些千萬次的微小記憶，你早忘了。但就是記得那種當說愛你的人消失了、不見了、離去了、不再掛念你，好像要排除你時，那種說不出的心痛，與表達不出的哀傷……

其實，你受傷了。

我們都曾如此受傷了。

其實我們都受傷了

而這些傷，會被我們一次一次的壓抑到潛意識中，讓自己以為不在意，也讓自己還能夠活下去，還能繼續生存。

但我們說不出的隱憂是，好怕我們再被丟掉，又無預警的被排除、被遺留。

那些不告而別，總是讓我們好心痛，好哀傷。

而這些心痛與早年生命的失落，讓我們的自我破碎，難以建立，難以成熟。在傷痛經驗與記憶中，難以招架與承受傷痛的我們，需要一個解釋來讓我們接受發生在自己身上的傷害與痛苦。

往往這樣的解釋，讓我們形成了一個壞的自我，或是走向另一個極端，過度膨脹的好自我。這兩種自我都離開真實，呈現扭曲，進入一個可以說得通為何自己必須遭遇到傷害與忽略。於是，「是我不好，以至於我必須遭遇傷害」及「是我太好，所以我必須背負孤獨與排除」，這兩種極端的自我形成，以防衛可能遭遇的不明傷害。

扭曲的自我與過度膨脹的自我，都讓我們在關係中備嘗艱苦、挫折，並感受到強烈的孤單。

建立美好關係

美國心理學家威廉・詹姆士（William James）提出自我（Self）概念理論，將自我分為：物質的我、社會的我與精神的我。其中，社會的我，是指在他人眼中的我，也就是他人觀感中的我。

身處在社會之中，我們很難忽略社會我的存在，無法不在乎我們在他人眼中與心中的觀感。正因為如此，為了想被認同與接受，我們會不自覺地希望符合他人的期待與評價，並且追隨他人的認同。

在關係剛剛建立的時候，更是如此。我希望在對方眼中有一個美好的形象，成為對方心中那一個完美的人。我們多麼希望被喜歡，被肯定，被愛。於是，對方的一個眼神，一個反應，一個認為，乃至於一個看法，我們都小心翼翼的聆聽，仔細的推敲，務必要讓對方滿意、喜歡。

這原本是希望有一個好形象的社會我，並在關係中被對方喜歡與肯定，卻在不知不覺中，慢慢形成了束縛，開始恐懼真實的自我不見了，甚至開始疑惑，不知道真正的自己是什麼樣子。

像是：當自己有情緒時不敢誠實表達；對於自己所認識的那些不喜歡的自己，覺得想隱藏；害怕自己和對方有不同的想法與感受；恐懼在對方口中聽到批評與不認同自己的聲音。

漸漸的，你不敢是你自己。即使你很掙扎，很衝突與矛盾，但你不敢真的成為你自己。

你害怕只有自己的孤獨與寂寞，所以你需要被認同，也需要依附他人。於是，他人的評價與他人的批判，對你而言，就是你需要去擺平，或需要去討好的，免得你被排除，被孤立。

你不敢是你自己，不敢承認自己的不同，不敢承認自己的獨特，不敢承認在這世界上，你是你。

你不知不覺中想拒絕自己，想擺脫自己，想換成另一個人來過日子，想換個人生，你不想要當自己時的那種辛苦，不想再過那種常被懷疑、批判、質疑、評價的痛苦日子。

如果你不敢成為自己，拒絕成為自己，那麼，你會活在他人的聲音中，活在他人的認為中，你會被他人的評價與標籤框住，被他人的批判與嘲諷捆綁，而動彈不得。

尊重彼此的不同

唯有你真正的認識自己，知道，你是你，你不會是他，他也不會是你。你是獨立的生命個體，他也是獨立的生命個體。你無法操控他，他也不能操控你。唯有尊重彼此的不同，唯有分辨清楚你是你，他是他。你無法在他的評價中，找到你要的彌補與認同，他也無法在你的反應中，滿足他要的地位與重視。如此，兩人才不會在相遇時，相互耗損彼此的生命力與情感，無意識的相互攻擊與相互製造在彼此內心那場最熟悉又最痛苦的戲。

當關係中我們可以呈現真實的我，包括我的情緒感受、認知觀點、行為舉止，我們在關係中才能真實的認識彼此。這樣的真實我，不是要過度求好，也不是過度認同壞的我，不需要活在害怕被評價的痛苦，也不需要刻意的隱藏自己，更不需要總是不安於自己是否被認同與接受，而是活出自己原原本本的樣子，一個獨特不同的自己。

當你勇於成為自己，你也才能賦予他人勇於成為他自己的權利與空間。而兩人的真實我相遇，才能一同創造真誠、分享、尊重，具有接納的好關係。

如果你在關係中，掩飾自己，隱藏自己，懼於袒露自己的樣貌，不論你戴著好面具或壞面具，那終究是面具。

回到關係中

許多人在關係中一直戴著不願意摘下的是角色的面具。例如社會角色是老師，他在關係中仍持續戴著老師的面具，要求自己也要求別人，並且時刻的以老師的社會形象展現在關係中，他的親密關係、親子關係，或是朋友關係中的他人，並不容易真實的認識他，而看見戴著老師的面具來期待與要求關係中的自己與他人該有什麼表現。

其他角色亦然，如果一個有著主管社會角色的人，在親密關係中或在親子關係中，無法分化開來這社會角色，反而時刻以自己的主管角色，將其關係中的他人視為下屬、視為需要督促的人，可想而知，在關係中的他人未必想要一個主管。

回到關係中，任何社會角色都需要卸下，都需要去角，如此關係才能真實，才能平衡而健康。

當然以關係來說，任何關係型態也塑造了一種角色，但至少在不同角色之間，我們需要有彈性地去轉換，也需要尊重這一份關係形成的意義與位置。

離開角色既有位置

曾經聽聞許多擔任教授、老師、牧師或是高社會位階的人的孩子，他們有一個共同心情，就是他們的父母親回家後仍然戴著那些角色的面具，活在那角色的框架中與他們互動，他們很小的時候，就開始體會到他們的父母親回家後仍是缺席的，取而代之的是某某教授、某某老師、某某牧師，與某某高階人士。他們其實很早開始就失去了一個「父親」或「母親」，在親子的關係上，他們渴望經驗到的父愛與母愛，其實很稀少與薄弱。

親密關係中何嘗不是如此。如果在親密關係中，我們的另一半不能真實的成為我的伴侶，而是活在一個醫師、律師、老師、牧師等等的角色中，並且我們必須以回應這些角色的態度畢恭畢敬，甚至畏懼，那這一份關係必然失真也失常。

同樣，如果我們在親密關係中也失去真實我的呈現，無法讓自己在關係中自由自在，以一種失去彈性的面具與形象展現在關係中，那麼關係中的兩人都只能活在一種角色的制約中，也就失去真實親近與相互真正認識的機會。

重要的親密關係

然而，我們之所以形成親近與重要的關係，不就是我們渴望在關係中真實的經驗到愛與尊重，也喜歡在關係中被接納與被支持的感覺。如果這些在關係中重要的意義與價值都不復存在，每個人只是在關係中扮演彼此設定好的角色與維持某一種社會形象，這樣的關係，人是無法真實存在於當中的。

當我們能夠在關係中，經驗到一個真實我，我們的真實存在才能讓彼此關係邁向真實，與朝向真誠，如此我們才有可能一同在關係中成長、成熟，相互鼓勵與相互成全對方成為一個獨特的人，誰也不剝奪誰，誰也不犧牲誰，誰也不壓迫誰，誰也不漠視誰。

第三章

創造互為主體的關係

許多時候，我們無法給自己這一份穩定的愛時，就會渴求他人給我們。然而，當我們無意願愛自己，無法給予自己無條件的愛，那些我們無法真實滿足的匱乏，即使他人再多的回應、再多的給予，我們仍然感覺到不夠與空洞，還是不斷的要求與索取。

從「我」到「我們」

關係既然是「關係」，它就指向「兩」個人的事。

是兩個人的事，不是一個人的事。

很多人的關係都是「單」方面的想：關係應該怎麼樣、關係中對方應該怎麼回應、關係中應該要發生什麼樣的情事……

關係中的另一個人並不是「配角」，不是我一個人決定，一個人導演，一個人主張，一個人安排就好。

當兩個「我」要共同走向「我們」，就要學習合作、分享、尊重、瞭解，而不是競爭、比賽、對抗、爭權與侵略。

許多人的關係是只有單方面的存在，既不傾聽對方的心聲，也不試著體會與理解對方的選擇與所思所想，更不允許對方的不願意配合與給予。

兩個人的關係

當關係中的兩個人，還是處在「我」的狀態，單以「我」的角度出發與主張，這段關係勢必會到走不通的時候，也勢必會走到不必要有關係的時候。

在關係中的兩個「我」都是相同重要的。這是關係的基礎。關係，就像是無形的一條線，連接著不同的兩端。若沒有兩個個體存在，又何來兩端可連接。

所以，人在關係中，並不能失去「我」，若失去了「我」，關係就失去了本質。但人在關係中，也不能單只有「我」，單只有一個「我」的存在，也形不成關係。若人在關係中，總是拚命給出「我」，想要擁有「你」，那麼終究會有失衡的一天。

關係中的兩個「我」都存在，這兩個「我」才能都自我負責，都能願意成長與成熟，也才能一起為「我們」的關係負責，一起投入關係，並為關係付出，同時分享。

愛與被愛的關係

如果一方推卸生命的自我負責，而另一方也總剝奪另一方的自我負責，不健康的病態依存關係，便會開始發酵，開始循環性的惡化。

如果一方長期剝奪或忽略另一方主體的存在，依照著自己的方便，與自己的行事習慣，強迫對方必須噤聲與無語，那麼另一方便會漸漸的不存在於此關係中，會慢慢的撤離關係，因為這關係有他沒有他，並無差別。

但是，關係的發展與建立並非容易的事，一個「我」就有其複雜的內外在需求與獨特的養成過程，並且具有獨特的想法感受，以及獨立的行動能力，何況是兩個「我」的存在。

兩人之間所交織而成的變化，以及各自個體的狀態表現，使「關係」呈現出難以有公式加以定論與控制的情況。一套說法或理論或許適合於某些型態的關係，卻無法適合、因應所有型態的關係，這就是關係經營與維護的困難之處。

我們盡力的對關係給出好的滋養，讓關係中有利的成長要素豐富一些，並且促使兩人都願意為關係努力，為關係成長與改變，我們才有機會創造正向的好關係。

在本章我提出了關係正向發展的有利要素，讓我們除了可以檢視在關係中究竟如何相處、如何互動之外，也可以試著學習讓關係更自在、更有彈性與更真實連結的方式。畢竟，形成關係的意義，是希望關係能讓我們感受到實在的幸福，也能體驗到愛與被愛的真實連結，而不是重複著傷害，與複製著怨念與仇恨。

而我相信願意學習這些關係之道的人，也是一個願意成熟成長的人。因為，對於一個拒絕成熟或是有困難發展成熟的生命而言，讓關係正向，讓彼此能更好的選擇，可能不敵於他個體本能性的慾望，以及無意識間，他所被驅動的不安全感、恐懼焦慮與控制慾。如果遇到這些情況的個體，本書的最後我會提出某些建議，來讓個體先進行個人的自我重整，與關係經驗的探索。我相信，唯有個體如實的經驗到生命年齡與心理年齡一致性的成長，他才有能力以成熟及自我負責的態度，去建立關係與為關係負責，而不是追討，或是逃避，甚至勒索或恐嚇。

第一要素

勇於接受給予與照顧、接收愛，但不是索求照顧與討愛

關係中，沒有誰必須一直給予，也沒有誰該一直接受。給予與接受都是關係中交替進行的過程，勇於接受被愛、被照顧、被回應，我們才能夠感覺到在關係中被滋養，被滿足。

勇於接受照顧、接收愛，是建立在允許自己可以表達需求開始。因為擁有完整的自尊，穩定的價值感，因此允許自己可以有獨特感覺、想法、需要、渴望與行動。而這些對自己的允許、尊重與接納，讓我們明白自己的不完

美，自己也是有所脆弱、限制與需求。特別是當我們有需要接受來自他人的幫助與給予時。

但許多人在長大的過程、所被對待的經驗，當期待被滿足與被給予時，卻時常感受到拒絕、否定與羞辱。

例如：出生為不被期待的性別，出生在不被重視的排行，出生在不被期待的時刻，出生在不被尊敬的家庭，出生在生活條件拮据的環境，都讓個體從小就必須承受當有需求時被制止、被斥責與被厭惡的經驗。

在飽嘗那些受傷與受辱的經驗後，漸漸的，你害怕被給予，害怕要記得人家恩情與恩惠的感覺，也痛惡自己像是矮人一等，必須仰賴或冀盼他人的施捨。

這些你所厭惡的經驗，這些讓你感受到羞愧與自卑的經驗，讓你自動化的拒絕了接收他人的給予，也不相信愛會無條件的出現在你的生命中。

一切成了交換，或成了一種計算與衡量。要你表達需要太困難，像是要你命的讓你感覺到自己的無能與無力。若是有人給予你什麼，你便會努力的想著趕快還回去什麼，或是直接拒絕。
對你而言，只有你給予人，絕對不接受有被給予的時候。

與生命和好

我早年回憶中也有這樣的情景與經驗。大約四、五歲時，我的父親將我寄放在他的一個朋友家。由於我是單親家庭的孩子，若是父親有困難照顧我，便會將我寄放在親戚或是他的一些朋友家。

那一次的記憶之所以這麼深刻，是因為在那個家庭中，除了我父親的朋友外，還有他的妻子與女兒。那女兒和我差不多年紀，我和她被對待的方式差異甚大。由於我是被寄放的，我的父親所留下的照顧費不多，且又為期多日，超過他原本該來將我接走的時間。因此，那太太對我的態度十分不屑，並且常常羞辱我是沒有人要的小孩，是個麻煩。

當我看見這個滿臉怒氣的太太被她的先生拉進去房間，不想讓我聽見更多難聽的話語時，我還是忍不住的，充滿恐懼的將耳朵貼在門上，想要聽見那太太究竟在發怒些什麼。因此我聽見她沒好氣的說：「她爸爸留下的那一點錢哪夠用，我們哪有那麼多錢白養他的小孩？」

這句話從那時烙印在我的心上，成為我日後不斷要求自己與斥責自己不該需要他人的照顧與幫助的禁令。

我痛惡自己像個沒人要的孩子，也痛惡那些感覺，被羞辱、被感到厭煩、被嫌棄與被覺得是個麻煩。

這些想要避免的糟糕感受，使我在成長的過程，每當需要向人開口，諸如需要學費、需要繳交任何費用，或是想要購買夢寐以求的禮品、衣物，我都開不了口。若真的需要開口，都是先預期會被拒絕、被嫌惡與被否定的結果。每次的開口，我都可以感覺到自己的自尊像是穿在身上的衣服突然落地般的，讓我感到一種沒有穿衣服，赤裸著身子的羞愧感。

從好的角度來看，當然我學會了不靠人，學習了獨立的一技之長，學會了為自己的需要負起責任，因為我不期待被任何人給予。在數不清的經驗中，他人的給予都會變成一種恩情，他們會時刻提醒我他們有恩於我，並且要我記得像我這樣出身如此不幸的孩子，原本不配或不可能擁有什麼，當擁有時要感恩，要記住他人的付出與奉獻。

當不斷被提醒自己有多差勁，自己該如何記得他人的恩情，與不斷的看見那些照顧我的人，誇耀著與計算著自己對我的付出時，我只有一次又一次的勸戒自己（說好聽一點是勉勵自己），一定要努力的讓自己不再需要倚靠任何人，我一定要成為可以獨立照應自己的人，我不要再低聲下氣，也不想要再低頭忍受他人的施捨。

無意識中，這些經驗塑造著我的性格與價值觀，不論從哪個面向，學業、事業、關係、生活料理，我都奉行著不要依靠他人，要獨立自主，並且獨來獨往，絕不虧欠任何人情。

所以當別人真的因為關愛或是回饋，想要贈予他們的心意給我時，我第一時間總是拒絕，若拒絕不了，我則會在下一次回贈一個更大的禮數。

雖然表面上，這些情境鍛鍊我許多的生存能力，但在關係上，我卻拒絕了許多人的關愛與無條件的付出。

說穿了，在我的價值信念裡，我不相信自己值得任何人的給予與無條件的付出。而任何的給予與付出，總會被計算成一種恩情，需要回報的。

這是我過去所經驗到的世界，一切都會被計較、被衡量，與被數算。要避免遭遇不斷的被提醒與有一天被要求回報的可能性，最好的辦法就是不要賒欠，不要需要，不要接受。

可想而知，在這種情況下，我並沒有真實的進入關係，因為我拒絕依附，拒絕需要別人，拒絕我有被照顧與被供應的需求。

我活著像一座孤島，或是人際的一種絕緣體，我不和人產生真實的連結，也不真的體驗人與人之間，本就有相互照顧與相互供應的需要。

這樣的處境長期下來，內心會漸漸的產生變化，一直覺得不被愛與不被關懷，且有一種很沉重的辛苦感，覺得人活著怎麼會這麼累，這麼難。

如果真的有這麼一個人出現，和我形成了重要關係，這時關係中會呈現一種矛盾，一開始會用不斷的給予，盡力的付出給對方，來避免自己置入在需要他人的處境。但過了一段時間後，會開始慢慢感受到失衡，覺得對方怎麼沒有相對給我那些我所付出的。

然後，失衡的內心會開始追討，討關注、討愛、討重要性。

就讓受傷經驗停止

這類關係模式，都將使關係在極端裡擺盪。好似是付出，卻是期待被給。但被給予是自己禁止的經驗，害怕會失去了自尊，於是只能以隱藏的動機與掩飾的行為，想要換得這樣的被給予。

當怎麼期待，對方卻始終沒有主動給予自己所期待的回應與關愛時，內心的失落與失望就會分外難受，而更加在意對方怎麼可以辜負我？並且不斷的嘀咕著：「如果你真的在乎我愛我，根本不需要我說，不需要我冒著丟臉的危險向你表達，你應該會知道我需要什麼。」

這是扭曲的認知，並攙雜著過去受傷經驗的諸多複雜感覺：羞愧、恐懼、焦慮、不安、悲傷、憤怒、不平、自卑、自貶、否認等等。

給予與接受，原本是關係中很自然且很美好的部分。因為有了相互的給予，與相互的接受，我們有了關係，形成了一種相互照應與相互關愛的關係。

若要經驗到愛，是不可能拒絕接受被給予。愛你的人，與你愛的人，都透過許多有形與無形的方式，在進行給予與接受。

可是過去，當社會過於貧窮而傾向重視物質的追求時，我們誤以為滿足物質的需求才是一種愛的付出，所以我們也把提供物質作為愛的表現。像是：我提供了你吃穿、我提供了你學費、我提供了你不用工作就可以享受生活、我提供了你旅遊或是買了想要的東西等等。若不是因為愛，我哪需要如此辛苦的賺錢努力供應你，讓你無後顧之憂？

但弔詭的是，這些物質都有價格，價格變成了我們在計算付出多少的證據。而當這些價格成了證據，就好像愛被秤斤論兩的計算著，愛，變成了不是無條件的，而是一種可以被量化、被數算的供應。而且當指稱出這些價格，那接受的一方，就成為欠了這個價格的人了，讓人不得不耿耿於懷，無法不帶著一份心理負擔。於是，愛，成了負擔。

但事實是，人無法因為物質的滿足就體會到愛的存在。物質提供的是享受，是飽足、是安全、是虛榮、是生理性的感官滿足。而愛，是一種心理的親密與靠近，是一份心靈的共鳴與契合。是你關注我，我亦關注你的相互回應的關係。

即使提供了物質的給予，接受的一方若沒有從中經驗到一份關愛，與一份在乎，還有情感的連結，那麼這一份接受，就成了彼此內心的沉重負擔，一人惦記著付出多少了價格，另一人不得已必須要記住賒欠了多少價格。

給予與接受之間

給予，是要建立在很自然的分享。若不是出於自然，而是出於勉強，那麼付出就一定被計算著、計較著。

接受，是要出於相信自己的價值。若不是相信自己值得被給予，相信自己也是會付出的人，那麼接受就成了一種虧欠，一種被施捨。

就像是某些情況，如果我們願意嘗試真誠坦承表達，我們就有機會經驗到來自於關係另一個人的回應與協助：

「我需要有人幫我，我無法一個人帶孩子。我需要感覺到你也在，我們一起照顧著我們的孩子，而不是感覺到孤單與無助。」

「我會害怕不知道如何和你的母親相處，我需要你再給我一些安心與依靠，也幫助我更多的認識他們。」

「我需要有些時間可以和你說說話，那會讓我覺得我們是靠近與親密的。我很珍惜兩人共處的時間，如果可以，是否可以挪些時間讓我們說說話？」

「我覺得好累，今天的我一整天的工作能量都消失了，你是否可以一起分擔些家務，這會讓我覺得好一些。」

「我今天需要有些時間靜止停頓，需要喘口氣，紓解壓力，可否晚一點或明天再談你想談的事？這樣我也會比較能專注。」

承認感受，表達需要

承認感受與表達需要，不一定能立刻獲得想要的結果與回應。承認與表達並不是以達到自己目的為手段，而是願意在關係中真誠一致，也願意在關係中讓彼此可以靠近的表達自己。當關係可以減緩指責，減少攻擊，減少數落，關係中的兩人才會願意一起留在關係中。

當我們有能力幫自己表達清楚時，我們也可以減少另一個人的挫折，不需要再讓對方看臉色猜測我的心意，也不需要讓對方活在恐懼與無力的情緒威脅中。如此，關係有需求、有回應，也才構成了關係的重要性與親密性。

而我們也從表達中、從重要他人的回應中，接受到被關愛與被在乎的對待。而這些感受會繼續回饋到關係中，不僅讓關係更能真誠表達，也讓關係更能相互關照與回應。

關係中，沒有誰必須一直給予，也沒有誰該一直接受。給予與接受都是關係中交替進行的過程，勇於接受被愛、被照顧、被回應，我們才能夠感覺到在關係中被滋養，被滿足。這一份滋養與滿足，會讓我們更樂於給出愛、更願意照顧與正向回饋。

第二要素

勇於建立信任與依靠感，但不是賴、綁、黏

我們是在一個願意自我負責的狀態下，向他人提出需要某些幫忙的請求。所以這樣的限制與需要，不是將滿足的責任全丟向他人，並且不斷的以理想化的想像要求他人要全給、要全部滿足與回應正確。

當童年早期，曾經經歷沒有原由、不知道發生什麼事就被擱下，就被錯待的經驗時，我們的內心會開始經驗到一連串的不舒服情緒，恐懼、無助、害怕、不安、

失落。但因為我們年紀太小，以至於我們無法為自己表達出情緒感受。我們也還沒有建構好認知能力去瞭解究竟發生了什麼情況，使得這個可怕恐怖的遭遇降臨在我們身上。

我們的記憶不一定會記住這些事件，畢竟人生的新經驗一波一波湧來，在成長的過程中，有些經驗被我們留住了某些印象，但有些經驗卻從意識層面消失，沉入到潛意識的區塊，成了我們生命的祕密檔案，連我們都忘記了有這些經驗發生。

但沒有記住認知記憶，不代表情緒記憶沒有留存下來。在生命的早年，大部分留存的記憶往往是情緒經驗的，因為認知能力尚在發展中。而情緒經驗的記憶，卻是生命個體生存下來最重要的資料庫（在大腦杏仁核的位置）。且所記憶的部分，是比認知記憶的部分更加龐大與歷史悠久的。這些儲存下來的情緒記憶讓個體不需經驗思考，就可以立刻反應在那些情境下，要激發出什麼樣的情緒來因應。情緒樞紐的啟動，是為了提醒個體：有些特殊情況發生了，要避免或是要對抗，或是需要什麼樣的情緒反應來面對。

學習面對情緒記憶

例如，有些孩子在幼年被大狗嚇過，即使認知記憶模糊，忘了是在哪裡、是在什麼情況下、有誰在身邊，但是情緒記憶卻讓他在成長歷程中，只要一看見大狗，不由自主的，害怕與不安就會自動化的被啟動、被引發。即使身軀已是大人了，大狗也不再那麼巨大，但是，害怕恐懼的感覺卻始終深刻與強烈。

在我們早年的依戀關係中，我們可能經歷著不明因素的被遺棄，或是不知原因的被擱下、置放與忽略，我們的情緒經驗便會埋下不信任與不安全的情緒種子，並且慢慢生長成巨大的情緒樹林。

特別是一個嬰孩，在出生後的頭三年最重要的生命任務，就是經驗著安全感、信任感與親密感。透過穩固的撫育與關照，嬰孩去體驗並累積與重要他人的關係與生活世界的關係。如果他持續性的經驗著忽略、被不在乎、被不重視與不被愛，生命會開始累積情感連結始終無法獲得滿足的缺乏感，還有強烈孤單與無助的情緒感受。當個體亟需一個重要他人來回應、來關照的生命階段，那個位置卻一直是空缺，沒有人出現，可想而知，這個孩子的感受有多麼無助、難受、不安與沮喪。

雖然生命還是可以存活下來，但只要面對關係的存在，那些對於另一個人會無緣無故消失，會對自己置之不理，會無法回應與給出關愛，會不在乎與不重視……這些恐懼與焦慮便會像海嘯一樣，淹沒心靈。

而這些恐懼與焦慮，一不小心、不注意，便會成為我們想要控制他人行動、控制他人心思意念的驅動力，與克制不了的情緒能量。

當那些未滿足的依戀需求全部傾倒而出，可想而知，另一個他者所要經歷與面對的是無窮無盡的被追討、被要、被索取。這一個他者彷彿必須成為一個理想的主要照顧者化身，不會累、不會煩、永遠和顏悅色、永遠寬容以待。

然而，這是不可能的。因為沒有人有能力做到不會累、不會煩、不會有限制。但內在卻渴求另一個重要他人無時無刻的來重視、照顧、在乎的人，很難移轉自己的關注焦點，也很難移動自己有如孩子般無助的位置，並且很難忽略自己的渴望動力。

走向正向關係

當生命位置與角度難以移動、失去彈性時，便會真的很難離開自己的世界，「看見」他人的世界。

若想要關係有正向的發展，一個好的態度是，當我們提出需要與限制時，我們的內在不是處於一個無助的孩子，或是受害者的狀態。我們是在一個願意自我負責的狀態下，向他人提出需要某些幫忙的請求。所以這樣的限制與需要，不是將滿足的責任全丟向他人，並且不斷的以理想化的想像要求他人要全給、要全部滿足與回應正確。

我們必須放棄去幻想有一個完美理想的他者，以我想要的方式，全然的照顧我、呵護我、懂我、滿足我……

這是孩子的心理狀態，想要生活完完全全被滿足與被撫育。但在成人階段後，人是可以彈性地或是接受部分的被滿足與被照顧，不會僵化的將需要完完全全的寄託在一個人身上。

如果我們始終不願意放棄這個幻覺，我們就會看不見，原來愛的能力與愛的力量，早就已經在我的手中，早已存在於我的生命中。

只有個體有意願自我負責，才是兩人關係的重要基礎。他不是將自己的需要與期待，沒有節制的拋向外在，要外在他人無條件地回應與供給，符合與滿足。他不會處在一個自己絕對軟弱無助，沒有絲毫力量的扭曲知覺中，像個嬰兒般的一直仰賴重要他人來靠近、安撫與餵養。如果，這個重要他人不出現，或不曾為了他的需要做些什麼，他會感覺到一種癱軟，任何情況都無法運作、無法承受的狀態。

這樣的心理狀態，使得個體在關係中容易表現出依賴、綁住與黏附另一個他人。就像一隻寄生蟲，沒有了宿主，就彷彿沒有了生命力的來源，沒有了生存的能力與動力。

我們並非完美

當然，不論我們多成熟或多有生存能力，真實的我們仍需要休息，獲取照顧，偶爾也會有需要感覺到可以依靠另一人的脆弱時。因為我們並非完美，也非超人。即使是完美如超人，也都一樣會有需要人支持與關照的時候。

所以，在個體願意承接生命的責任，願意自我照顧的情況下，他可以去分辨自己真正需要被幫助的時刻，也能夠勇敢的接受被照顧。他會知曉自己是有能力的人，只是某些時刻也會需要來自關係中的另一人的照顧與幫助。

當然，在他有能力或身心恢復時，他也能是另一個人的照顧者與幫助者。

這是人與人之間相互扶持與協助的重要體驗。我們在一種互為主體的過程中，讓關係中的兩人都被滋養、都被關照、都被愛。

第三要素

樂於分享與付出，但不是交易與計算

人都傾向保護自己，也都想避免在關係走不下去時落得一無所有的窘境。只是，當關係的建立基礎是在「不信任」的原則下被衡量與計算著，人們還會願意在關係中分享與真誠嗎？

我們從上學開始，就被許多「數字」決定：成績的數字、排名的數字、家庭生活水準與收入的數字。我們真的誤以為所有的東西都可以被量化，被一個數字標定出價值與意義。

我們在人際互動中，也漸漸的累積這些數字：所收到的禮物價格多少、我們之間誰出的錢比較多、他幫了我幾次、我所付出的金錢是不是有相對等的回報……

從工業社會走到了商業社會，我們每個人無法避免的被一堆數字綁架，被一堆價錢奴化。每次有什麼重要的國家慶典，我們的媒體會用大篇幅的報導告訴民眾，國宴的那些名菜是以多少價格的食材烹煮。國家元首與夫人乃至貴賓，他們身上的行頭、配飾又值多少錢。

這些報導對民眾的生活一點重要性都沒有，絕對不是民生議題，但它提供了娛樂性，讓大家有個閒聊八卦討論的主題。每天，你幾乎可以從媒體發現，這些金錢價格被數算、被誇耀、被注目。更讓許多年輕人崇拜所謂時尚、強調更享受的物質生活。

如果個人的處境辦不到，經濟條件始終沒有辦法過上高級享受的生活，許多人就將可以供應自己享受的來源移轉到關係中的另一個人，期待與要求另一個人應該擁有什麼物質條件，有什麼樣的賺錢能力，該以多少資金展現在關係中可以慷慨付出的部分。像是婚禮籌備的過程，不也是在計算與較量著：誰該出資多一些，誰不該失禮，誰該滿足親家的期待，用多少聘金禮數才能顯示我過去養大孩子的付出沒有虧損。

另一個人當然不是傻子。如果他以許多物質條件、資金資源來展現自己的身價，他要付出時，就必定會衡量與計算他的回收是什麼，對方又能相對提供什麼。這時，就是條件與資源的交換了。

只是，人的條件與資源不是常態，因為人生有起伏，有高峰，也會有低谷。若是以交換的觀念與模式來建立關係，一旦交換的條件與資源消失，也就是人去樓空的時候了。

這些條件交換與衡量計算的戲碼，在社會新聞、影劇新聞、政商名流的新聞上時常看到。大肆報導下，人們非但不是調整社會的價值觀，也非試著檢視物質化生活對關係的影響，反而更進一步的強調，為了避免關係在決裂或告吹時的損失，應該要先擬好契約，簽訂相關的法律保障文件，以免受損。

過於保護自己的背後

人都傾向保護自己，也都想避免在關係走不下去時落得一無所有的窘境。只是，當關係的建立基礎是在「不信任」的原則下被衡量與計算著，人們還會願意在關係中分享與真誠嗎？

接下來的過程，便會無法避免的要從對方的行為舉止中嗅出、觀察出對方不值得信任之處，然後一步步的走進心理學家所說的「自我應驗」的結局中，依照著當初所期待或所持有的信念而發展、而實現所預期的：最終我會在關係中虧損，因為對方只是貪圖我所具有的條件。

關係需要建立在樂於分享與付出的心態上，才不會失衡與計算。

因為有，我們才拿出，與對方分享。我們不是想著要換回什麼、佔有什麼。因為是自己感覺到的「有」，給予時不是出於勉強，我們的內在便會平衡與穩當。並且我們所給出的是自己覺得富有的，不論那是有形或無形，因為我富有，我可以分享，將這一份富有分享給這個世界、給關係中的另一個人。

出於真心的分享

分享，是一份喜樂，也出於喜樂。就像過去的農業社會，這家種植了水果，就將自己多餘的分享出來；那家種植了蔬菜，也將自己多餘的分享出來；這家種植了青蒜或香草，則分送了青蒜與香草。因為有了這些分享，人們分享了自己所富有的，並接受了更多的分享。人與人之間所流動的是熱情、是友善、是出於真心的感謝，還有所珍惜的情感。

若人在關係中唯利是圖，將成為關係的禍端，必然引發爭執與爭奪，兩敗俱傷的情景就在不遠處了。

當然，以分享來說，仍是需要去覺察及瞭解這是否是對方所真正需要的。還是，所分享的是不顧及是否反成為對方的心理負擔（過多就會成為負擔），與後續處理或消化上的負擔。

很多願意分享者，真是不求回報的，但是往往氾濫的熱情或是慷慨，總是給予他人超過其所需要的。當過多時，那些不需要的部分，反而迫使接受者必須去處理後續「過多」的問題，成了一大任務與要解決的煩惱。這樣，分享的美意與感受，也就大打折扣了。

在他人的需要上付出，給予、分享、讓人自在、舒服、滿足，而不是以自己的觀點與角度執著於「為你好，才給你這些」，當不允許他人的拒絕，指責他人不給面子或不知感恩，那樣的分享，表面是分享，內裡卻是一種強迫與控制，失去對人的真正尊重。分享，若出於瞭解對方的需要，並且是真心願意給出的部分，分享，才是施者與受者都互惠。

第四要素

樂於提升自我，而不是拒絕改變

害怕與拒絕改變的人，不僅對自己沒有信心，對關係中的重要他人也不具信任。想要讓自己更好的人，才會是一個有能力讓關係更好的人。

很多時候，關係走到死氣沉沉，了無新意時，那感覺會像一灘死水，因為關係中的兩人沒有持續成長，也失去一同探索、經驗新鮮的感受，關係就容易走到死胡同；無法變動，卻也無法分開，只是內耗，成為一種束縛。

人的可貴，就是人有學習力、有創造力，也有成長性。只要人願意開發自己，栽培自己，願意探索與學習，人就有機會開展更多不同層次的知覺，包括內在深層潛意識。

而成長性的學習與自我提升，人會變得沉穩與成熟，觀看人事物的角度會更多元與豐富，減少僵化與固著的自我設限。

對人而言，因為生活的繁忙與諸多生活壓力，使得我們像陀螺一樣每天轉個不停，可以留給自己的時間少之又少，就不用說還要花時間特意去學習、去沉澱、去吸收新知了。很多人都有這樣的感覺，一到有假日有空閒的時間，只想癱軟在家，哪裡也不想去，什麼也不想動，包括整頓住家環境與整理早已堆積許久的物件。

覺察的功課

提升自我並不一定非得要安排什麼密集的課程，或是花費很高的學費學什麼，最重要的是保持一顆開放的心，對於世界好奇，並且對自我探索充滿興趣。一本心靈書籍，一段時間的靜心與靈修，一部具有意涵的影片，聆聽他人生命的一小段故事，觀察周圍環境變化，都可以讓人們的心靈有所啟發，有所滋長。

人與人的相處與互動，往往都來自於習慣的經驗模式。有時候，不自覺中，自己每天重複著某些動作、某些習性、某些感受都不自知。提升自我可以幫助我們有更多的自我覺察，不會落入無意識的固定模式，缺乏對周遭環境、他人與自己的敏感度。

很多人可能會想，關係就是要讓人安心，如果對方愛我，不論我是什麼樣子，他都要接受我，我是不需要為對方改變什麼。

這是來自我們渴望被接納、安全、被無條件愛的需求。我們期待童年被滿足過與不被滿足過的需求，都可以被關係中的另一個完完全全的回應、照顧。

然而，每個人的生命歷程都是在朝向成為完整成熟的獨立個體，即使我們生命中有了許多「關係」，這些關係都不是為了要遏阻我們完成成為獨立個體的生命任務。我們在關係中領會愛的真諦，也在關係中學習付出與接受，並在關係中練習在他人與自己的需求之間尋找平衡，這些學習與體會，也是生命成長的一部分，但絕對不是要讓關係使我們更加依賴，更加失能，更加神經質的想要控制、耽溺、依戀、極端，甚至在關係中毀滅。

愛與幸福的能力

如果我們在關係中，反覆的想毀滅自己，或想毀滅他人，這一份關係不僅不是建立在健康基礎上，也不是朝向創造幸福與愛的實現的方向。這樣的關係就可能讓兩人相互折磨與虐待，並且持續的在關係歷程中，消耗掉生命的能量與愛的能力。

倘若兩人的關係連結，是因為想從世界退縮，不想再面對現實的壓力與責任，只想彼此取暖，用自我逃避與麻痺的方式，看似彼此撫慰相互依靠，但他們卻與環境與世界的關係越來越疏離、斷裂，這段關係也會因為缺乏能量與活力的灌入，慢慢的走入貧乏，走入死胡同。

如果希望維繫關係，便需要讓關係持續有可以滋養彼此的養分。而這養分的獲取是兩人共同的投入與灌溉，而不是某一方的責任。自我提升便是為自己的成長負起責任，並將成長的養分帶進關係裡分享。

拒絕學習與改變，拒絕為關係帶來正向情感的養分，只想綁死關係中的另一個人，這兩人的關係必定會走向控制與囚禁。當其中一人拒絕調整與改變，為了防止關係中另一人可能的改變，只有剝奪對方的自由與行動，才不至於失去對方。這樣的情況常見於親子關係、伴侶關係、朋友關係等等，以控制對方的行動，緊迫盯人，避免對方接觸新的人事物，來防止關係可能面臨的任何改變。這種死守關係的方法，將讓關係中的另一人因愛而負傷，因沉重的愛而窒息。

那害怕與拒絕改變的人，不僅對自己沒有信心，對關係中的重要他人也不具信任。想要讓自己更好的人，才會是一個有能力讓關係更好的人。反之，不願意讓自己更好的人，又何來能力讓關係更好呢？

第五要素

以愛維繫關係，而不是以罪惡感維繫關係

如果必須以恐嚇與威脅的方式來確保被愛、被在乎與被回饋，那麼已反映出此人內心並未相信自己是一個被愛的個體……

關於維繫關係，我們過去長期以來所體驗到的是以罪惡感來維繫。從很小開始，你一定聽過這樣的話語：

「我養你，很辛苦，如果你以後敢讓我傷心難過，我絕不饒你。」

「現在我這樣照顧你，我老了，你不能把我丟掉，不孝順，你會被天打雷劈。」

「如果不是因為你，我不用留在這讓我受苦的環境，你再不好好聽話，怎麼對得起我？」

「我如果沒有你怎麼活得下去？如果你不要我了，我也不要活了。」

如果，我們在關係中真的體會與感受到愛，我們自然願意回饋愛，相對付出愛也是必然的。因為人，甚至動物，都是有情感的，都是很自然的趨近有愛的方向，與給予我們愛的對象。

以愛之名的矛盾

如果必須以恐嚇與威脅的方式來確保被愛、被在乎與被回饋，那麼已反映出此人內心並未相信自己是一個被愛的個體，反而是會遭遇被遺棄。因為懷有被遺棄的焦慮與恐慌，而必須時常以威脅與恐嚇來控制對方不會從關係中離去。

他的缺乏愛，使他不懂什麼才是愛。既然不懂何謂愛，即使看似有付出，那付出也不是基於愛，而是一種交換、交易，或是來自於心理的某些情結，或是社會道德的責任義務要求，只是用愛的名目來包裝。

若是愛的關係，是不會有威脅、控制、勒索，當然也不需要有恐懼、焦慮、不安、矛盾的情緒糾結。有一大部分的人為情所困，正因為感情關係中這些錯綜複雜的情緒糾葛，與罪惡感作祟，而無法清明的處理關係狀態，怕對方做了可怕失控的事，也擔心自己真的造成了不可挽回的憾事。所以動彈不得，受困在無法鬆動與開展的關係糾葛中。

以「受害者」角色做控訴者，雖然訴說著自己的受害，但往往行為本身，卻是以迫害的氣勢指責與威脅著關係中的對方。界線混淆與錯亂的關係中，早已分不清與看不清受害者究竟是誰？受害者是否更像施害者、施暴者？而被控訴的施害者是否才是受害者？

但無論是受害者或施害者，這是一個永無止境、不斷循環的心理遊戲，沒有哪一方可以在關係中真正受益，也沒有哪一方真的可以從關係中得到滋養與滿足。

我們可以先探討何以有人很容易被引發「罪惡感」，而有些人卻不。容易有罪惡感的人，探究其自小成長的經驗，都有必須承受另一個人的強烈情緒，包括不滿、痛苦、不快樂、憂愁的情況。由於必須仰賴這個人的照顧才得以存活，因此生活中很需要這個人，但這個人經常性的表現出無法調適自己的情緒，將強烈起伏的情緒釋放出來，看起來非常痛苦，甚至有想要輕生，或反覆做出傷害自己的行為，使得待在身旁的人，感受到強烈的無能為力，挫折，但同時又告訴自己：「他那麼痛苦不幸，那麼不快樂，我應該做些什麼讓他減輕痛苦？」

罪惡感的產生

「罪惡感」即是，我們主觀覺得他人的受苦與不幸，我們有責任減緩或改變，然而我們卻無能為力，因此產生強烈的自責，並感到挫折，而引發出沉重的罪惡情緒感受。

因此「罪惡感」一旦發生，個體內在會感到很深層的無能為力，並且在心中批判自己，指責自己，為自己無法提供另一個人滿足，無法順利讓另一個人減輕痛苦，感到罪惡。當掉入自責與沮喪時，便是在為自己的罪惡背負起罪咎與懲罰的心理過程。

因此我們可以推論容易產生罪惡感的人，長期經驗到的是無能為力的無助感，還有長期來自另一個人強烈的痛苦情緒的侵襲。在早年經驗的累積中，他必須時常忍受與背負其他人將無法滿意與無法過得好的委屈、痛苦、仇恨、哀怨丟給他，怪罪他應該要做些什麼，或應該要為其負責。

如果這種經驗是發生在童年時期，對這個孩子來說，生命背負的是沉重的壓迫與巨大的攻擊。當然，他沒有能力分辨清楚，到底被指責與被怪罪的那些部分，究竟是否真的是他這樣的一個孩子可以背負，是否真的是屬於他的責任。

就像有些夫妻，不僅在本身的伴侶關係，或婆媳關係、妯娌關係上，都會感受到被欺壓、被否定、被迫害，那種不快樂與痛苦無以掙脫時，便會爆發強烈的情緒起伏（例如大哭大鬧、爭執攻擊）。許多時候，大人便將無法處理與消化的情緒，傾瀉在最無能為力反抗與反應的孩子身上。因為孩子無法走開，無法弄清楚狀況，只能杵在原地承受一切。

因此，有些人的童年經驗，必須要每日每夜，反覆的看著情緒激烈的家庭劇上演。在衝突、拉扯、糾結中，那自覺痛苦冤屈的一方，落淚、埋怨、傷害自己，並且將那無法化解的恨意與委屈（委屈是一種被壓抑的憤怒），對著身邊無法離去、也無法辨識到底發生了什麼的孩子說著：

「媽媽一直在這個家被欺負，這個家的人不歡迎我，他們欺負我，他們都是壞人，你為什麼不保護我？以後如果我被欺負，你要保護我，知不知道，不然媽媽就會離開這裡，離開你。」

「這個家會這麼不快樂、這麼多爭執，都是因為你，養你很累，花的錢很多，大家都有壓力，你有沒有看到。我若不是因為你，我的人生會輕鬆一大半，我和你的爸爸（媽媽）也不用常為了你的事吵架。」

「你怎麼這麼沒用？那麼笨？如果你聰明一點，有能力一點，功課比別人好，有好表現，我也不用常常被看不起，在這個家沒地位。」

「我命很苦、很不幸，為那麼多人辛苦，為你們付出，你呢？你做了什麼？幫了什麼？你有在付出嗎？你只想到自己，做人怎麼可以這麼自私？」

這些控訴與怪罪，總是綁架我們的心靈，讓我們動彈不得，似乎只有照著對方的期待與要求，我們才有那麼一丁點價值。否則，就像是個完全沒用、沒價值、自私自利的傢伙。

矛盾糾結的界線

我們在無數次的類似經驗中，莫名的習慣為別人的情緒背起責任。當別人情緒不好，不論是難過、委屈、憤慨、埋怨、擔憂，我們立即隨著對方的情緒起伏、擺盪，只要對方的情緒激起，我們就必須像個救火隊，或是危機處理者做出因應，必須極力想辦法讓對方好過一點，就算是討好、取悅也在所不辭。

但是，曾經好想努力，或真的努力了好久，卻發現那不快樂的人卻始終不快樂，而他的埋怨與怪罪也從來沒停止。好無力，好挫折，卻又無法真的不理會，也無法走開，一旦稍微沒有反應，那控訴與怪罪的聲音就會再度響起：「你怎麼會這麼自私？」「你怎麼這麼沒用？」「你難道不能做做什麼讓情況改變嗎？」

這種在關係中混淆糾結的界線，使得家庭成員分不清楚究竟是誰的情緒，又是誰該為這些情緒負責？這種扭曲與混亂，在我們多數人的家庭，乃至社會的許多層面，都是屢見不鮮的情況。

習慣背負的罪惡感其來有自。對我們的影響是在童年無能為力時，我們被硬冠上罪惡之名，當成人後，我們無意識的為他人冠上罪惡之名。我們在關係中，相互控訴又相互怪罪，相互判刑也相互懲罰。

這樣的關係怎可能會是美好而幸福的經驗？用罪惡感維繫的關係，是令人恐懼、不安、無力，同時又讓人想逃，無法脫逃時，便想要拖人一起下水受苦受痛。

我們必須要真實的面對那些長久以來未清明、充滿矛盾與糾結的關係，長期以來是以控制、威脅、控訴、怪罪將人徹底傷害，也將自己與他人毀滅。

放棄舊有的生命設定

如果你看得見，要掙扎出一條新的路來，並不容易。畢竟，人都是傾向於習性的動物。一想到要吃力奮力的終止錯誤的方式，很多人情願選擇放棄，因為不想累，沒有力氣再累了，乾脆選擇惡性循環，反正努力也不一定帶來想要的改變。抱持這種念頭，與不想累的逃避心態，便會無法放棄舊的生命設定，包括所形成的生命腳本，讓生命持續在一種循環中墜落。

「知止」是改變的前部曲。若沒有先停止長久以來設定的傷害模式，先辨識與覺察到那些行為舉止與起心動念究竟如何發生，又為何要如此發生，無意識的反應便會自動化的出現，讓人落入傷害的漩渦。

若真的要創造與實現有愛的關係，那愛，必須先在自己身上發生。停止傷害性的行為舉止與破壞性的念頭不斷在生活中複製，這就是愛的具體發生。你願意善待自己，願意饒過自己，願意先心疼自己，不讓自己再繼續痛苦。

人都渴望建立真實愛的關係，許多時候，我們無法給自己這一份穩定的愛時，就會渴求他人給我們。然而，當我們無意願愛自己，無法給予自己無條件的愛，那些我們無法真實滿足的匱乏，即使他人再多的回應、再多的給予，我們仍然感覺到不夠與空洞，還是不斷的要求與索取。

願意以愛維繫關係，便是願意先承諾自己，自己在關係中不會失去自己，也不需要控制他人來滿足自己。我們不需要以剝奪的方式或佔有的方式來確保愛的存在，用這種方式強留的也不會是愛。

第六要素

尊重與接納彼此的感受、想法，而不是剝奪與漠視對方的感受、想法

如果對方的觀點與感受和我們不一樣，我們會直接反應成是對方在否定我們，不認同我們，而覺得失望與沮喪，甚至憤怒……

很多人並未真正的瞭解尊重。尊重，是不論我們認同的或是不認同的，只要是出於另一個人的思想與感覺，我們便尊重他有他的體驗與脈絡，他有他的獨特原因與觀看世界的角度與位置。

尊重，也是接納他人可以與我們不同，我們也可以與他人不同。

但「尊重」在我們社會是很難實質被經驗到的。我們的社會是普遍求「同」的社會，多元價值與多元觀點在我們的社會並未真正被認同。人家有什麼我也應該有什麼，人家獲得什麼我也應該獲得什麼，人家有什麼表現我也應該有什麼表現。我們的社會與家庭並不是在幫助一個人摸索與瞭解自己是誰、有什麼特質、有什麼天賦，又有什麼特殊力量。而是好怕這個人和社會普遍的價值標準不符合、不相同。當「不同」發生了，我們好害怕被標籤為異常與有問題。

尊重彼此的獨特性

然而，這世界，哪有可能有兩個完完全全一致的人？又豈有人可以一直當應聲蟲，附和著另一個人？即使是雙胞胎，都有其獨特的部分，有其差異之處。如果兩人的關係裡，要求同，要求一致，那麼必會有人被犧牲、被消音、被剝奪表達主體性的權利。

特別是關於感受與想法。人的獨特性，包括感受與想法都有過去生命經驗的影響，也有其天生的特質。同一個事件，每個人都可以有自己的經驗、角度、觀點、知覺，因此創造了世界的多元性與豐富性。

但是，當我們需要被認同、被支持時，我們會傾向要對方贊同我們的感受與想法，或是要對方附和。如果對方的觀點與感受和我們不一樣，我們會直接反應成是對方在否定我們，不認同我們，而覺得失望與沮喪，甚至憤怒。同時，會將失望與憤怒轉向否定與攻擊對方，也以不認同的態度對待對方，於是，成了爭執，成了對立。

如果，主體的個人界線可以被尊重、被維護，我們就會明白，每個人都是一個主體，主體與主體間，或許有相似性，但更多的時候是獨特性。

如果我們尊重一個人，即使他和我們的感受與想法，乃至行為反應不同，我們或許很難同意與接受，但仍需要尊重這就是他的感受，他的想法。如此才不會剝奪與漠視他身為一個獨立個體的事實。

如果我們害怕彼此的不同而導致分離發生，這也是一種自我欺騙，以忽略對方或自己的不同，剝奪自己或他人的獨特性來求同，這是讓其中一人無法真實呈現自己。

每個人都是獨特個體

若是我們願意看見每個人原本就是不同的個體，願意承認這原本的事實，我們才會願意去認識與瞭解對方，也才願意去聆聽，而不是將對方模糊化。

在過去長期的制約設定下，我們很容易在人的身上有評價、有看法、有判斷。只要我們不能接受，看不慣，難以理解的，我們的評價與判斷就會出現，想要讓自己有些依據或線索可以理解所遇到的情況。這樣的理解常是去脈絡化的，沒有前因後果與來龍去脈，只以很片段、很表面的訊息做簡化的判斷。以致我們的關係中，聆聽與瞭解總是很缺乏，取代的大都是告知與規勸。

拒絕聆聽，等於拒絕瞭解，也等同漠視此人的感受與想法。我們不也常聽到這樣的話：「不用講那麼多啦，講那麼多都只是理由與藉口，你只要照我要的去做就對了。」

我們在無數次的經驗中，體會到自己的感受與想法不重要，講再多也是多餘的。如果對方在關係中比較強勢或是權威，就又更感到沒有表達的必要，不表達反而安全，表達了反倒成為別人侵犯或攻堅的對象。

漸漸的，我們的存在感越來越模糊，生活經驗（包括感受與想法）也越來越無法敘說，主體性也逐漸消失。所以在關係中，總是一個「我」無限膨脹與擴大，另一個「我」則逐漸縮小與消失。

這絕對不是好現象。除非你已經沒有意願、沒有動機和另一個人形成有意義的關係。

如果我們想要讓兩人都存在於關係中，都可以有輪廓，都可以不隱形，那麼尊重與接納彼此的不同，並且尊重與接納彼此的感受與想法，便是需要建立的關係基礎。

第七要素

共同創造兩人要的關係，尊重彼此需求，而不是任由一方控制、決定

關係，並不是只要「留住」就好，留住了關係，卻創造不了兩人共同想要的滿足與關係的意義，即使留住了，也可能是消耗生命能量與造成兩敗俱傷的起源。

關係中的兩個人在許多生活層面，必然會遇到我的需求與你的需求的不同，我想要的和你想要的不同。

如果兩人的關係，像是要合跳一首華爾滋，那麼兩人的共同合作與共同創造，就是非常重要的摸索與練習。

反之，如果對關係缺乏意願去摸索，也缺乏意願去調整，則在關係中是缺席的。

想像一下，如果要合跳一支舞，皆是由其中一方負責發號施令，並且需要費力的帶舞，另一個人卻興致缺缺，不是呈現擺爛，就是相應不理，那麼這支舞要跳完，就會是其中一方死命的控制，勉強對方配合。而這樣的舞呈現出來，也不會有美感，反而可能是暴力的。

面對關係中的差異

如果，另一個人興趣缺缺，或不再主動合作，也不投入一起創造共舞的歷程，我們就需要誠實以對，要合跳這支舞只是我一個人的決定，還是共同的意願、共同的期盼？如果我期盼是由這個人和我一起合跳這支舞，那麼這個人所呈現的拒絕或不投入，是否有他的原因與情況是需要我聆聽與瞭解的？

當然有一種情況是，對方也想要和你在一起，但他不想要合跳一支舞，他想要你和他去單車旅遊，或看場球賽，意思是，互動性少的，只是要你的陪伴與同行，但不需要有密度很高的接觸與合作關係。

這樣的差異也常在關係中發生。不同的人，對關係互動的頻率與緊密度有完全不同的需求與想法。

這是勉強不來的。因為人在早年生活經驗中被創塑的依戀關係型態與需求性，在成年後大致底定，成年後，我們只是去找到另一個人可以接納或回應我們對於依戀關係的需求與所呈現的模式。

要改變一個人的依戀關係模式與需求度，實在大不易，除非個體有意願重新學習，重新經驗。要由另一方透過要求、請求、勉強、積極影響而形成改變，幾乎是不可能的。

如果是這種情況，則兩人要的關係互動型態不同，兩人需要的關係品質也不同。在不同中，我們可以先尋找共同之處，如果需要與想要的互動型態不同，但基本上兩人都還願意陪伴彼此，或還願意共同經驗某些生命時刻，那麼在確認這個共同之處之後，我們就得進一步討論，如何可以協調出滿足彼此的安排。例如什麼時候我們一起共舞，什麼時候我們一起看球賽。

如果關係中，總是只滿足一方，以這一方的需求為主，而另一方的需求與想要總是被漠視，也難被成全，那麼這總是犧牲或總是配合的一方，不僅會開始在關係中感受到累，也會漸漸質疑自己在關係中的重要性，還有這關係存在的意義。

有時候，當兩人的生活經驗與對關係的需求差異太大，並且大到找不到兩人可以在關係中共同覺得有意義與滿足的部分，這段關係便可能必須面對結束與分離。

關係，並不是永恆存在的。雖然人有血緣親屬關係，不是說斷就能斷，但這世界是有死亡的，因為死亡的存在，就沒有關係會永遠留存。所以關係，並不是只要「留住」就好，留住了關係，卻創造不了兩人共同想要的滿足與關係的意義，即使留住了，也可能是消耗生命能量與造成兩敗俱傷的起源。

離開與結束之後

我們總是在生命歷程中，面對關係的來去，真實的人生是有這些關係的分離與結束的。因此，人生就不只是需要學習建立與維繫良好關係，我們同時也需要學習處理與面對結束失去意義與造成受苦的關係。

當然，離開與結束，也不是由單一方決定與控制的。既然是兩人的關係，兩人的結束與離開，仍需要有共同面對與共同合作的歷程。有人需要慢一點，有人需要快一點；有人需要多些說明，有人需要多些安靜；有人需要更多思考與對話，有人需要獨自沉澱與反思……

這就是關係的不容易之處，如果我們要創造真實存在於關係中的互為主體的關係，我們就不能在關係中漠視另一個人的感受與想法，還有他的心聲與表達。在關係中粗暴的人，就會不顧一切的以自我為主，想如何就如何，絲毫不顧慮另一人的感受想法與存在的主體性。

不論關係走到何種情況，要面對何種選擇，兩個人的真實存在與真實表達，才是兩人可以共同面對的一份關係，如此，關係的呈現與關係的結果，也才是兩個人可以共同承擔與共同負責的。

第八要素

願意為對方成為一個更好相處的人，停止無意識的投射與發洩

當我們無法看見傷口的存在，始終沒有選擇照料傷口，無論我們身邊換過多少人，我們在關係中所發生的情節與所出現的感受，也都會重複。

當你覺得「受傷」時，別急著太快反擊，也別急著太快防衛或解釋……

而是要停在「受傷」的感受與情境中，仔細感受，仔細觀看，你會發現，如今讓你很「受傷」的，無論是一個刺激、一個事件，或一個人際的互動，你之所以會

感覺「受傷」，是因為，你的心底有傷口，那傷口，早已存在。那傷口遲遲未被你端詳，未被照顧，當然也未被療癒，因此當刺激、事件或人際互動中的一個反應，勾連住傷口，扯動了傷處，那痛就整個竄了上來，像是傷口被踩，或傷口被撒了鹽，其痛無比，其痛難耐。

但是，無論你用了多少次攻擊或防衛，或是解釋，或是控訴，只要那傷口還未被辨識出來，未被照顧與療癒，那傷口還是會持續的被扯動、被勾連，老是讓你覺得好痛、好受傷，卻只能無力與無奈的反覆疼痛。

「好受傷」的感受

當你「受傷」時，請留在「受傷」的感受與情境中，仔細感受，仔細觀看，反覆性的「受傷」正在告訴你，你有個傷口在心的更深處，在層層堆疊的偽裝中，或是層層的面具下，若沒有足夠的撼動與反覆的痛感，你也許根本察覺不到，也許始終觸摸不到那早年所造成的傷口。

那傷口一日不好，當刺激、情境與互動經驗又似曾相識時，那「好受傷」的感覺，便會一直來、一直來。

所以，以傾倒發洩的方式反應自己的情緒，除了讓情緒有倒掉的感覺之外，對自己的傷痛沒有絲毫療癒作用，因為那傷口並未真正被看見、被療傷，並且無意識的持續破壞著關係。

就如同你若重新進入一段情感關係，真心想愛一個人，你不會希望將未竟的傷痛，未處理的傷口帶進關係中，折磨另一個人。你不會將上一個男朋友（女朋友）對你的傷害與背叛，要現在的男朋友（女朋友）為你彌補，要他小心謹慎，不要引發你的不安全感，並要他時刻為你的猜疑與不安負責。

讓你有創傷陰影的人不是他，又怎能將所有的責任或過錯推給他。再來，如果你有心好好愛一個人，你會願意在關係中付出與投入，而不是害怕在關係中再度受傷受挫，而要求在你身旁這個人，必須費力的、辛苦的盡一切可能來安撫你、彌補你，而你卻什麼也不需要改變與調整。

如果，因為過去的傷害導致安全感與信任感崩解，真正要面對的是承認自己的受傷，並為自己受過的傷尋求心理療癒與心理復健，這是為自己負責的選擇與決定。

照見傷口的存在

當我們無法看見傷口的存在，始終沒有選擇照料傷口，無論我們身邊換過多少人，我們在關係中所發生的情節與所出現的感受，也都會重複。

關係最常出現的糾結與複雜，就是關係中的兩人各自投射不同的傷痛在其中，例如：若有一人在關係中投射不被在乎與重視的傷痛，而在關係中有所抗議與反彈，另一個人所投射的傷痛，則是被指責不夠好、能力不足的挫折感，而想要逃避與抽離。

若是願意一起面對，我們可以在關係中坦承自己對於關係互動狀況的覺察，還有如何發現自己的反應。我們誠實地訴說自己，也願意聆聽對方的經驗。但不是在聆聽中，再度落入過去的傷痛，又將對方的表達視為一種指責與拒絕。

真誠坦承，才能讓關係靠近。若是害怕再受傷的狀態，我們就會一手拿盾牌想保護自己，一手又拿長矛準備攻擊對方，置對方於死地。

這就是關係真誠表達的困境。如果另一方說出在關係中的沮喪與挫折，我們卻立刻感到受傷，無法聽懂對方的感受與心情，而是直接落入自我否定的感覺，認定對方在挑剔或表達對我的不肯定與指責，那麼這關係，就無法真實的接觸與真實的靠近，更不用說到彼此理解與彼此撫慰。

有主體性的人，也才能夠建立個人的情緒界線，能夠接受自己是有情緒感受的個體，當然也接受對方是有情緒感受的個體；能夠賦予自己權利表達感受與需求的人，也能夠賦予他人權利表達感受與需求。

而既然人都有自己的情緒感受與需求，當他在表達時，他便只是在「表達」，這也是個體主體性的呈現。

如果我們將對方的表達，視為攻擊，視為否定，視為傷害，我們當然就會感到受傷，感到威脅，感到恐懼。這些感覺，都是童年早期生命經驗所被制約的反應，我們害怕別人的情緒是在指責與攻擊我們（很多被責備與恐嚇的經驗確實如此），矛盾的是，我們總是在有不滿或失落、失望情緒時，又被指責情緒化、沒教養，或是EQ不好。

好為難不是？我們被他人的情緒指責與攻擊，而當我們要表達自己的情緒時，還是被指責與攻擊。

所以情緒經驗與情緒的梳理，在我們的社會包括家庭與學校環境中，總是界線模糊，彼此混淆。更多的時候，我們在錯亂的情緒亂流中，分不清我的情緒感受，你的情緒感受，總是把你的放到我身上，要我負責；或是把我的丟到你身上，要你負責。

療癒關係，一同成長

如果我們可以知曉，表達僅在於表達，每個人都有表達的權利，表達不是要控制與威脅，所以他人也有他如何回應的權利，以及表達他的感受與想法的權利。

如果我們在乎一段關係，我們當然會在乎關係中的另一個人。所以我們不會盡在關係中出難題要對方回應，也不會總是把自己不想負責也不想面對的部分丟給對方，要對方收拾與承擔。

如果我們在乎一段關係，瞭解關係的價值與意義是為了幫助我們的生命更好，而不是找一個替代者，或一個幻想中的對象，來滿足我與供應我被照顧的需求與無盡的渴望，那是一個不成熟心靈所投射出去的幻想：會有一個完美的理想客體（對象），無止境並且無失誤的完美的回應我與照顧我。

如果，你願意成長，願意療癒自己，那麼你就該相信自己有能力學習，有新的機會成長。你會開始面對自己，試著以各種心理治療方式，或是心靈轉化的歷程，來幫助自己的身心靈達到新的平衡，並且開展出新的生命力量與智慧。而不是焦慮的把關注力死盯著關係中的另一個人，小心翼翼到神經兮兮的從許多細節，不斷檢視對方是不是不夠在乎你、不夠肯定你、不夠疼愛你、不夠理解與懂你。

這樣的焦慮與恐懼，必然使關係累積出一種揮不去的沉重感與疲累感。

失去關係的失落

越想要控制關係滿足自己的人，越會在關係中失去對方，也失去控制感。唯有練習不需要再小心翼翼的控制關係，控制對方，並且將關注力適時適當的移至真實生活經驗中的其他部分，我們的生命才真的有機會學習，開展，重新經驗，並讓生命質地有不同於早年生命經驗的創造。

當我們有能力在關係中成為一個讓對方樂於相處的人，我們也才有可能一同創造想要的關係。反之，關係便會持續性的、疲勞性的、反覆性的在一些重複情境中彼此追討、彼此控訴、彼此指責，同時間，一點一滴消磨耗損掉在關係中感到美好的曾經。

第九要素

樂於滋長正向經驗，停止複製負向傷害（那些羞辱與恐嚇）

如果我們在關係中老是帶著任何會詆毀、傷害、攻擊人的惡言惡語，這就像是在關係中釋放病毒，進而侵害關係，瓦解關係。

你知道嗎？大部分的人對孩子或對一個受傷者，是在要求，不是在撫慰；是在教導，不是在陪伴；是在評價，不是在鼓勵；是在否定，不是在肯定；是在批判，不是在建立；是在破壞，不是在維護。

因為我們自小也是被如此的對待——是在被要求，不是被撫慰；是在被教導，不是被陪伴；是在被評價，不是被鼓勵；是在被否定，不是被肯定；是在被批判，不是被建立；是在被破壞，不是被維護。

我們沒有經驗過的，我們給不出去。我們經歷過的，常常是沒有反思的直接給出去。

關係中有愛

如果我們無法先學會撫慰、陪伴、鼓勵、肯定、建立與維護自己，我們又如何從心、從生命裡頭給出這些生命最需要的滋養與支持。

無論對待自己，對待孩子，對待他人，都需要善用你的語言你的文字。你的語言與文字，將決定為這世界為所處的環境帶來溫暖與養分，或是帶來傷害與敵意。

在兩人的關係中，也是如此。無論這關係是親子關係、伴侶關係、朋友關係、同事關係、伙伴關係。如果我們在關係中老是帶著任何會詆毀、傷害、攻擊人的惡言惡語，這就像是在關係中釋放病毒，進而侵害關係，瓦解關係。

如果一段關係，得要反覆的以言語攻擊、傷害，那麼這段關係肯定已經累積了過多也過久的未竟情緒，而兩人的迴避與無法真誠面對在關係中的感受，都讓情緒轉變成言語上的詆毀、不認同、攻擊，與嘲諷。

例如：在婚姻關係中，若是性的親密經驗不和諧，難以正視與對話，但是彼此都在心中留存許多不滿足的情緒，這些情緒會開始發酵，並且蔓延到其他的生活層面。雖然，一直沒有針對對方的性親密行為提出自己的不滿或意見，但是在其他層面，卻指桑罵槐，暗指對方沒能力，中看不中用……之類的嘲諷。這種迴避真實衝突點的作法，反而使得生活中散布著層出不窮的小衝突點。

所以，若是沒有辨識出關係真正不協調與受到挫折的關鍵點，那不滿的情緒就會不斷衍生與蔓延，成為無窮無盡的傷害。

我們可以學習在表達自己需要時，接納自己的脆弱與挫折，如此我們才不會在否認自己的脆弱與挫折感時，轉變成對對方的指責與攻擊（指責與攻擊讓我們感覺到自己不是這麼脆弱與無助，也不是這麼沒有自尊）。

在我們接納自己的內在脆弱與挫折感受後，我們必須先聚焦我們所要傳達的需求，不要被對方的態度與口氣一刺激，便模糊了溝通的焦點，反而更誇大了內在的受傷受挫感受。當我們有能力不總是立即被激起情緒，也不總是自動化反應，我們也才能辨識此刻當下的真實狀態，例如：對方真正要表達的是什麼、對方此刻的狀態是什麼、對方是不是沒有理解清楚我所傳達的。然後，我們除了瞭解與澄清對方的處境與狀態外，也會調整自己的表達方式與溝通語句。

在關係中做自己

其實一段關係的存在，不就是希望能透過關係體會到愛與被愛、被支持、被重視與被理解的感受嗎？如果關係的存在，變成像仇家似的，一看見對方就想出拳，就想制伏對方，這一段關係肯定失去了滋養性，也不再能創造正向情感經驗。

滋養性的關係，不是只為單一人存在。滋養性關係，是同時間滋養著關係中的兩人。所以在兩人關係中，或是在一段關係中，我們便需要一起將具有滋養性的語言帶進關係中。我與你，便不會任意的、不加以自覺的使用各種話語，而不去顧及對關係的影響。

很久以前的社會曾經流行過一句推翻權威體制的話：「只要我喜歡，有什麼不可以」，這句話曾經受到反對也受到支持。這顯示那個年代的社會正面臨這樣的矛盾：我喜歡的，我認為的，和別人的期待與社會規範之間如何選擇與如何決定。

權威規範的制約，另一邊的極端點就是反抗與強調自我。但其實這兩極都是辛苦，都是失衡，都要付出極大的代價。人成熟的心靈力量，其功能之一便是能夠在兩個極端，看似衝突的對立面中，尋找平衡，創造整合。

所以，在關係中做自己，與在關係中照顧與回應對方；在關係中呈現真實自己，與在關係中顧慮對方因為和我接觸所發生的感受，這兩邊的需求都是真實存在的。我們無法因為我個人的重要性，就忽略關係中另一個人的重要性。所以我在真實呈現自己的過程中，仍會去留心關係中的另一人他的感受，他的體會，他的反應。

然後，試著在兩者之間尋找平衡，整合差異。

不再指責和威脅

如果，一個人在關係中盡情的說著對另一個人來說是不舒服、是感到威脅與攻擊的話語，並且任意的評價、指責與羞辱，要說這是出於很關心另一個人，才會愛之深責之切，這樣的說法是似是而非。

如果他真的關心，恐怕那關心也是傾向於想證明自己的正確，而控制對方應該跟從與配合。

如果真出於關心另一個人，另一個人就需要被真實的瞭解與接觸，而不是連感受、想法都不被在乎，不被認可。

如果，我們真的無力再回應什麼，或是自覺再怎麼互動也無法對焦，那麼此時，就先在受傷受挫的情況下停下來，給予自己一些療傷的時間與可能，也許療傷過後，我們才真的有新的力量再回應與再決定些什麼。

第十要素

願意離開「小我」的自我中心，一同進入我們的世界，並且不因此害怕失去真我，接受我們本來的不同

一個有成熟能力調和自己的人，因此可以在關係中穩定、自在、自我照顧，同時也有餘力去回應關係中的另一個人，或是照顧與撫慰。

每個人的「我」都可以分為意識我與本質我。意識我是我可以知曉的我，包括我是誰、我的身分、我的價值體系、我的成長背景、我的性格與喜惡。而本質我是一個包含意識與潛意識，也包含自我與靈性的更大我（Self）。

自我可說是一個小我，這個小我的任務便是讓自己可以生存，可以適應社會環境，可以有能力為自己與他人互動，建立好的關係。

當然，小我若在發展上受到阻礙，或是在生存過程中經驗過創傷，小我便難以適應成長所要遇到與面對的挑戰與難關，而顯得焦慮、恐懼、神經質的過度期待，或是誇大自己的情緒感受。因為這個受損受傷的我，會難以收集當下此時此刻的訊息，透過澄清與辨識，讓自己貼近真實，理解現象，而不是靠過去的知覺，武斷的判斷所認定的情況。

小我是長期以來被成長環境制約的我，那個我會將過去被制約的影響，沒有意識的延展到後來的關係中。以一種生命腳本的方式呈現在生活情境中。當我們以過去生命腳本的方式繼續過日子，以生命腳本的方式做出我們的選擇，這樣的情況下，關係中的他人都只是我生命腳本中的一角，為了讓我的生命經驗可以符合生命腳本的邏輯與設定。

讓關係真實存在

因此，許多人即使進入關係，其實關係中的他人不論是換成誰，換了幾個，其過程與結果，那個他人都不重要，因為他未真實存在，他只是為了對方的生命腳本中的一個角色演出，演出的一切都是為了讓生命腳本所設定好的主題與生命風格被呈現。

相反的情況也同時間發生。也就是各人在同一段關係裡演出自己心中的那齣劇，為了符合心中的劇情與結局，就需要讓關係中的他人來演出某個角色、某個位置。雖然看似在互動，其實都是各演各的劇，然後產生對關係的看法與對自己的看法。這些看法都不是突然間出現，而是在個體的生命歷程中，隱約感受到的，或是不自覺會出現的感慨與情緒。

如果我們有意願進入真實關係，並且真實互動，真實理解與懂關係中的另一人，我們就需要瞭解，在關係的歷程中，不僅願意表達與澄清自己，也願意聆聽對方的表達，並且澄清我們有所不理解或臆測的地方。唯有澄清與核對，我們才能讓關係真實的進入聆聽、瞭解。並且創造一個新機會，來經驗不同的互動經驗。

我們之間的關係

人在關係中，很容易經歷一個挑戰，就是自我認同。當我們從小到大自我認同的培養不全，忽有忽無，以及自我肯定的建立也不夠時，進入關係的我們會很害怕被質疑、被不喜歡、被不認同、被排斥，以至於我們要小心翼翼的察言觀色，瞭解他人的喜好，討取他人的滿意。可是，矛盾的是，因為這一份焦慮與擔心不安全，越在乎別人時，自己就越模糊，越感覺不到自己。若是自己突然失去對方，會感受到自己的空洞與無助，還有混亂而焦慮、恐懼與痛苦。

若人在關係中曾經歷過這樣的歷程，當他要再進入關係時，便會十分害怕過去受創的經驗要再來一次，因此會十分懼怕再給出自己，再為別人付出。而他最怕的是那種當失去對方關注時，或是失去對方這個重心時，那種空洞、無助與混亂。所以他會耳提面命要自己小心謹慎不要失去自我。為了提防自己失去自己太多，他會開始和對方拉扯、抗議，或是經驗到自己內在的焦躁不安，因為他的心靈功能難以調和出一個平衡，無法確切的知道在自己和他人之間究竟要如何選擇？如何安頓？

接納本來的真面目

一個對自己有清楚認識的人，他會在關係中比較自在與安心。關係的一開始，他不會企圖掩藏自己所不喜歡或不確定的面貌，僅僅只呈現所謂好的面貌。當他可以整合與接納自己，他會超越過去制約以好與壞、優與劣的評價來切割自己，他有一個更大的心靈力量與功能，就是包容與接納自己，不論那是什麼面貌，他已經可以整合、適時適地的運用，並且接納自己成為的樣子。

這樣的一個人，是一個有成熟能力調和自己的人。他因此可以在關係中穩定、自在、自我照顧，同時也有餘力去回應關係中的另一個人，或是照顧與撫慰。

這樣的一個人，不僅在心理功能（收集、組織、處理與解決功能）是成熟的，在靈性的力量上他已經趨近於一個真實的我、本質真我，不需要攻堅自己，質疑自己。

當有成熟力量的個體進入關係，他會更合理的反應所遇到的困難與真實生活的挑戰，他會和關係中的另一人真實的接觸與討論，因為他接受自己的呈現，也接受對方的呈現。

學會處理關係

現實生活的困境是多元的，而關係的真實困難也是存在的，不論那是疾病、分離、背叛、死亡、生活改變、性格衝突、需求差異，在在都影響著關係的變化，使個體經歷到真實的起伏與衝擊。

我們不需要懷抱一個完美關係的幻覺，再度落入找人來配合演出完美劇本的想像。真實的人生，就是有真實的困難，而每一個困難與衝擊，都在讓我們學習面對處理關係的歷程。同時，也在鍛鍊我們的本質我，具有心靈整合力量的我，可以越是成熟、越是成為獨特不同的自己。所有的關係都有來與去，也都有消逝的一天，真正留下的是我們內在心靈的療癒、蛻變與成熟，這才是關係帶給人生命最重要的價值與意義。

一些建議

也許這本書啟動或引發你更多對於關係的覺察，或是疑惑，也讓你接觸到自己內在關於過去依戀關係的傷痛。此時的你或許感到混亂，或是想要好好面對長期以來試圖迴避與不敢承認的關係問題。

這本書無法完全符合與提供你的需求，但是要讓關係之間能成長能修復，持續性的學習是重要的。然而不能操之過急，許多改變需要醞釀，需要一些時間開花結果，但為自己的想望連結可以有所協助的善資源，仍是一種有力量的行動。

◎關係諮商

為關係中的兩人，一起尋求心理師的專業諮商。關係諮商心理師在一些諮商心理機構任職，您可以於網路上搜尋「關係諮商」或搜尋合格的「社區心理諮商機構」。

◎課程學習

坊間所辦理的兩性或關係成長課程，不論針對關係療傷，或是重建關係的課程，甚至早年依戀關係的探索課程，都可以幫助我們澄清與整理關係處境與狀態。

◎團體參與

透過團體與工作坊的方式，在團體體驗與討論的過程，覺察自己在關係中的反應與互動模式，提高自己的自覺，並透過團體學員的分享，回顧自己的處境，也開展自己對關係的理解。

◎透過關係彼此練習

如果關係中的兩人都有意願維繫關係與創造想要的兩人關係，則兩人可以一起練習新的互動模式，透過相互的覺察、回饋、討論，一起學習新的經驗。但前提是兩人要清楚的瞭解到這個意願，而願意真誠以對，鬆動防衛，不藉此相互傷害與攻擊。

◎個人諮商（自我探索與整理）

誠如這本書所要傳達的重要觀點，一切的思考、感受與行為模式都是其來有自，有跡可尋。如果在關係中反覆的感受到某種困境發生，或是在關係中體驗到過去的某個傷害仍持續影響著自己，這時，便適合透過個人諮商歷程，進行自己的生命探索與關係模式探源，也重整自己的內在心靈空間。

◎書籍閱讀

若是喜歡也能接受以書籍來進行自我對話與重整的人，可以在書市上尋找到許多談關係的書籍。只要搜尋「關係」或「兩性」，或是「依戀關係」都可以獲取許多書訊。台灣在關係方面的書籍確實很多，無論是名人所寫的關係經驗與觀點，或是有心理專業取向的關係建立與關係治療，只要有意願與學習興趣，任何的書籍都可以成為自我對話的參考。

國家圖書館預行編目資料

其實我們都受傷了：在關係中療癒傷痛，學習成長／蘇絢慧著
--初版.--臺北市：寶瓶文化, 2013.04
面； 公分.--(Vision；107)
ISBN 978-986-5896-25-6（平裝）

1.心理創傷　2.心理治療

178　　102005517

Vision 107
其實我們都受傷了——在關係中療癒傷痛，學習成長

作者／蘇絢慧

發行人／張寶琴
社長兼總編輯／朱亞君
副總編輯／張純玲
資深編輯／丁慧瑋　編輯／林婕伃
美術主編／林慧雯
校對／禹鐘月・陳佩伶・呂佳真・蘇絢慧
營銷部主任／林歆婕　業務專員／林裕翔　企劃專員／李祉萱
財務／莊玉萍
出版者／寶瓶文化事業股份有限公司
地址／台北市110信義區基隆路一段180號8樓
電話／(02)27494988　傳真／(02)27495072
郵政劃撥／19446403　寶瓶文化事業股份有限公司
印刷廠／世和印製企業有限公司
總經銷／大和書報圖書股份有限公司　電話／(02)89902588
地址／新北市新莊區五工五路2號　傳真／(02)22997900
E-mail／aquarius@udngroup.com

法律顧問／理律法律事務所陳長文律師、蔣大中律師
如有破損或裝訂錯誤，請寄回本公司更換
著作完成日期／二〇一三年三月
初版一刷日期／二〇一三年四月十五日
初版二十四刷日期／二〇二二年七月十三日

ISBN／978-986-5896-25-6
定價／三一〇元

AQUARIUS 寶瓶 文化事業

愛書人卡

感謝您熱心的為我們填寫，
對您的意見，我們會認真的加以參考，
希望寶瓶文化推出的每一本書，都能得到您的肯定與永遠的支持。

系列：Vision107 **書名：其實我們都受傷了──在關係中療癒傷痛，學習成長**

1. 姓名：＿＿＿＿＿＿＿＿ 性別：□男 □女

2. 生日：＿＿＿年＿＿＿月＿＿＿日

3. 教育程度：□大學以上 □大學 □專科 □高中、高職 □高中職以下

4. 職業：＿＿＿＿＿＿＿＿

5. 聯絡地址：＿＿＿＿＿＿＿＿＿＿＿＿＿＿＿＿

   聯絡電話：＿＿＿＿＿＿＿＿ 手機：＿＿＿＿＿＿＿＿

6. E-mail信箱：＿＿＿＿＿＿＿＿＿＿＿＿＿＿

   □同意 □不同意 免費獲得寶瓶文化叢書訊息

7. 購買日期：＿＿＿ 年 ＿＿＿ 月 ＿＿＿日

8. 您得知本書的管道：□報紙／雜誌 □電視／電台 □親友介紹 □逛書店 □網路 □傳單／海報 □廣告 □其他

9. 您在哪裡買到本書：□書店，店名＿＿＿＿＿＿ □劃撥 □現場活動 □贈書 □網路購書，網站名稱：＿＿＿＿＿＿ □其他＿＿＿＿＿＿

10. 對本書的建議：（請填代號 1. 滿意 2. 尚可 3. 再改進，請提供意見）

    內容：＿＿＿＿＿＿＿＿＿＿

    封面：＿＿＿＿＿＿＿＿＿＿

    編排：＿＿＿＿＿＿＿＿＿＿

    其他：＿＿＿＿＿＿＿＿＿＿

    綜合意見：＿＿＿＿＿＿＿＿＿＿＿＿＿＿＿＿＿＿＿＿

11. 希望我們未來出版哪一類的書籍：＿＿＿＿＿＿＿＿＿＿＿＿＿＿

讓文字與書寫的聲音大鳴大放

寶瓶文化事業股份有限公司

（請沿此虛線剪下）

廣 告 回 函
北區郵政管理局登記
證北台字15345號
免貼郵票

寶瓶文化事業股份有限公司 收

110台北市信義區基隆路一段180號8樓
8F,180 KEELUNG RD.,SEC.1,
TAIPEI.(110)TAIWAN R.O.C.

（請沿虛線對折後寄回，謝謝）